国家智库报告 2019(37)
National Think Tank
中国非洲研究院文库·智库系列

中非双边法制合作

朱伟东 王琼 王婷 著

BILATERAL LEGAL COOPERATION BETWEEN
CHINA AND AFRICA

中国社会科学出版社

图书在版编目(CIP)数据

中非双边法制合作/朱伟东，王琼，王婷著.—北京：中国社会科学出版社，2019.10
（国家智库报告）
ISBN 978-7-5203-5451-6

Ⅰ.①中… Ⅱ.①朱…②王…③王… Ⅲ.①司法—国际合作—研究报告—中国、非洲 Ⅳ.①D926②D940.6

中国版本图书馆 CIP 数据核字（2019）第 232588 号

出 版 人	赵剑英
项目统筹	王 茵
责任编辑	喻 苗
特约编辑	李溪鹏
责任校对	朱妍洁
责任印制	李寡寡

出　　版	中国社会科学出版社
社　　址	北京鼓楼西大街甲 158 号
邮　　编	100720
网　　址	http://www.csspw.cn
发 行 部	010-84083685
门 市 部	010-84029450
经　　销	新华书店及其他书店

印刷装订	北京君升印刷有限公司
版　　次	2019 年 10 月第 1 版
印　　次	2019 年 10 月第 1 次印刷

开　　本	787×1092　1/16
印　　张	11.5
插　　页	2
字　　数	150 千字
定　　价	65.00 元

凡购买中国社会科学出版社图书，如有质量问题请与本社营销中心联系调换
电话：010-84083683
版权所有　侵权必究

充分发挥智库作用
助力中非友好合作

——《中国非洲研究院文库》总序

当今世界正面临百年未有之大变局。世界多极化、经济全球化、社会信息化、文化多样化深入发展，和平、发展、合作、共赢成为人类社会共同的诉求，构建人类命运共同体成为各国人民共同的愿望。与此同时，大国博弈激烈，地区冲突不断，恐怖主义难除，发展失衡严重，气候变化凸显，单边主义和贸易保护主义抬头，人类面临许多共同挑战。中国是世界上最大的发展中国家，是人类和平与发展事业的建设者、贡献者和维护者。2017年10月中共十九大胜利召开，引领中国发展踏上新的伟大征程。在习近平新时代中国特色社会主义思想指引下，中国人民正在为实现"两个一百年"奋斗目标和中华民族伟大复兴的"中国梦"而奋发努力，同时继续努力为人类做出新的更大的贡献。非洲是发展中国家最集中的大陆，是维护世界和平、促进全球发展的重要力量之一。近年来非洲在自主可持续发展、联合自强道路上取得了可喜进展，从西方眼中"没有希望的大陆"变成了"充满希望的大陆"，成为"奔跑的雄狮"。非洲各国正在积极探索适合自身国情的发展道路，非洲人民正在为实现"2063年议程"与和平繁荣的"非洲梦"而努力奋斗。

中国与非洲传统友谊源远流长，中非历来是命运共同体。中国高度重视发展中非关系，2013年3月习近平同志担任国家主席后首次出访就选择了非洲，2018年7月习近平同志连任国家主席后首次出访仍然选择了非洲。6年间，习近平主席先后4次踏上非洲大陆，访问坦桑尼亚、南非、塞内加尔等8国，向世界表明中国对中非传统友谊倍加珍惜，对非洲和中非关系高度重视。2018年中非合作论坛北京峰会成功召开。习近平主席在此次峰会上，揭示了中非团结合作的本质特征，指明了中非关系发展的前进方向，规划了中非共同发展的具体路径，极大完善并创新了中国对非政策的理论框架和思想体系，成为习近平外交思想的重要理论创新成果，为未来中非关系的发展提供了强大政治遵循和行动指南，是中非关系发展史上又一次具有里程碑意义的盛会。

随着中非合作蓬勃发展，国际社会对中非关系的关注度不断加大，出于对中国在非洲影响力不断上升的担忧，西方国家不时泛起一些肆意抹黑、诋毁中非关系的奇谈怪论，诸如"新殖民主义论""资源争夺论""债务陷阱论"等，给中非关系发展带来一定程度的干扰。在此背景下，学术界加强对非洲和中非关系的研究，及时推出相关研究成果，提升国际话语权，展示中非务实合作的丰硕成果，客观积极地反映中非关系良好发展，向世界发出中国声音，显得日益紧迫重要。

中国社会科学院以习近平新时代中国特色社会主义思想为指导，按照习近平主席的要求，努力建设马克思主义理论阵地，发挥为党和国家决策服务的思想库作用，努力为构建中国特色哲学社会科学学科体系、学术体系、话语体系做出新的更大贡献，不断增强我国哲学社会科学的国际影响力。我院西亚非洲研究所是根据毛泽东主席批示成立的区域性研究机构，长期致力于非洲问题和中非关系研究，基础研究和应用研究并重，出版发表了大量学术专著和论文，在国内外的影响力不断扩大。以西亚非洲研究所为主体于2019年4月成立的中国非洲研究院，是习近平主席在中非合作论坛北京峰会上宣布的加强中非人文交流行动的重要举措。

按照习近平主席致中国非洲研究院成立贺信精神，

中非研究院的宗旨是：汇聚中非学术智库资源，深化中非文明互鉴，加强治国理政和发展经验交流，为中非和中非同其他各方的合作集思广益、建言献策，增进中非人民相互了解和友谊，为中非共同推进"一带一路"合作，共同建设面向未来的中非全面战略合作伙伴关系，共同构筑更加紧密的中非命运共同体提供智力支持和人才支撑。中国非洲研究院有四大功能：一是发挥交流平台作用，密切中非学术交往。办好"非洲讲坛""中国讲坛"，创办"中非文明对话大会"。二是发挥研究基地作用，聚焦共建"一带一路"。开展中非合作研究，定期发布研究课题及其成果。三是发挥人才高地作用，培养高端专业人才。开展学历学位教育，实施中非学者互访项目。四是发挥传播窗口作用，讲好中非友好故事。办好中英文中国非洲研究院网站，创办多语种《中国非洲学刊》。利用关于非洲政治、经济、国际关系、社会文化、民族宗教、安全等领域的研究优势，以及编辑、图书信息和综合协调实力，以学科建设为基础，加强学术型高端智库建设。

为贯彻落实习近平主席的贺信精神，更好汇聚中非学术智库资源，团结非洲学者，引领中国非洲研究工作者提高学术水平和创新能力，推动相关非洲学科融合发展，推出精品力作，同时重视加强学术道德建设，中国非洲研究院面向全国非洲研究学界，坚持立足中国，放眼世界，特设"中国非洲研究院文库"。"中国非洲研究院文库"由中国非洲研究院统一组织出版，下设多个系列丛书："学术著作"系反映非洲发展问题、发展道路及中非合作等系统性专题研究成果；"经典译丛"主要把非洲学者有关非洲问题研究的经典学术著作翻译成中文出版，力图全面反映非洲本土学者的学术水平、学术观点和对自身的认识；"法律译丛"即翻译出版非洲国家的投资法、仲裁法等重要法律法规；"智库报告"以中非关系为研究主线，为新时代中非关系顺利发展提供学术视角和智库建议；"研究论丛"基于国际格局新变化、中国特色社会主义进入新时代，集结中国专家学者对非洲发展重大问题和中非关系的创新性学术论文。

期待中国的非洲研究和非洲的中国研究在中国非洲研究院成立的新的历史起点上，凝聚国内研究力量，联合非洲各国专家学者，开拓进取，勇于创新，不断推进我国的非洲研究和非洲的中国研究以及中非关系研究，从而更好地服务于中非共建"一带一路"，助力新时代中非友好合作全面深入发展。

中国社会科学院副院长　中国非洲研究院院长

蔡　昉

摘要： 中非合作论坛设立以来，中非经贸关系得到迅猛发展。在中非经贸关系的发展过程中，也产生了大量法律问题，涉及投资、民商事、刑事、税收等许多领域。但目前中非之间调整上述领域的法律框架还存在一些问题，如相关双边条约数量较少，有些条约的内容比较陈旧，许多规定还存在模糊、不一致的地方等。从长远来看，中非经贸关系的发展需要双方加强双边法制合作。中非加强双边法制合作是保障中非经贸关系长远健康发展的需要，是解决中非现实法律问题的需要，也是推动国际经贸规则改革的需要。结合中非双边法制合作的现状和中非的具体情况，中非可以从以下几方面完善双边法制合作：一是加强现有的双边法制合作框架，推动与更多非洲国家商签投资保护条约、民商事和刑事司法协助条约、税收条约等，同时补充、完善条约的某些规定，使它们更符合中非经贸关系发展的需要；二是尽快同一些非洲国家和地区性经济组织商签自贸协定，为中非经贸关系的发展提供牢固的法律框架；三是拓展中非双边法制合作的领域，加强在立法、司法和执法等领域的交流与合作；四是重视多边领域的法制合作，利用多边途径加强在跨国犯罪、反腐、民商事和税收等领域的合作。

关键词： 中非；法制合作；投资；民商事；刑事；税收

Abstract: The business relationship between China and Africa increased very fast since the establishment of the Forum on China-Africa Cooperation. At the same time, various legal issues arose in such areas as investment, civil and commercial transactions, criminal matters and taxation, etc. But there are still some problems in the legal framework that regulates the above such areas, for example, there are not enough relevant bilateral treaties between both sides, some provisions in the treaties are outdated, ambiguous or inconsistent. For the long run, it is very necessary that China and Africa enhance their bilateral legal cooperation, through which the long term sound business relationship between China and African can be guaranteed, the legal issues arising from China-Africa business relationship may be settled efficiently, and some international business rules may be reformed. Based on the status quo of the bilateral legal cooperation between China and Africa and the particularities in China and Africa, the bilateral legal cooperation between both sides may be improved in the following ways: Firstly, to conclude more bilateral treaties in investment protection and promotion, in judicial assistance in civil, commercial and criminal matters, and in taxation matters, etc., and to add or revise some provisions in such treaties to meet the need of the development of China-Africa business relations, to enhance the bilateral legal cooperation between both sides; Secondly, to negotiate and conclude more FTAs with some African countries and regional economic communities in Africa, to provide solid legal frameworks for China-Africa business relations; Thirdly, to extend the cooperation to such areas as the legislation, justice and law enforcement to deepen the legal cooperation between both sides; and fourthly, to emphasize the legal cooperation in the context of multilateral conventions in such areas as cross-border crimes, anti-corruption, civil and commercial matters and taxation, etc.

Key words: China and Africa, legal cooperation, investment, civil and commercial matters, criminal matters, taxation

目 录

引 言 ……………………………………………………（1）

第一章 中非双边法制合作的重要性 ………………（5）
 第一节 保障中非经贸关系长远健康发展的需要 ……（5）
 第二节 解决中非现实法律问题的需要 ………………（9）
 第三节 推动国际经贸规则改革的需要 ………………（27）

第二章 中非双边法制合作的现状及不足 …………（31）
 第一节 中非双边投资保护条约 ………………………（31）
 第二节 中非双边民商事司法协助条约 ………………（64）
 第三节 中非双边刑事司法协助条约 …………………（84）
 第四节 中非双边避免双重征税协定 …………………（109）

第三章 中非双边法制合作的完善 …………………（125）
 第一节 完善现有的中非双边法制合作框架 …………（125）
 第二节 尽快商签落实双边自贸协定 …………………（137）
 第三节 拓展中非双边法制合作的领域 ………………（143）
 第四节 重视多边领域的法制合作 ……………………（154）

参考文献 ………………………………………………（160）

引　言

中国和非洲的双边贸易近年来发展迅速，自 2009 年以来，中国已连续 10 年成为非洲最大的贸易伙伴。在 2018 年中非合作论坛北京峰会开幕式的主旨演讲中，习近平主席明确提出，要推动"一带一路"建设与非洲各国发展战略相互对接，共筑更加紧密的中非命运共同体。为此，他提出中国要在未来 3 年和今后一段时间，同非洲国家密切配合，重点实施"八大行动"。"八大行动"涵盖的范围包括产业促进、设施联通、贸易便利、绿色发展、能力建设、健康卫生、人文交流、和平与安全八个方面。"八大行动"的实施会为中非经贸关系发展带来又一次难得的历史机遇。随着中非投资、贸易的发展以及中非人文交流的进一步加强，中非之间必然会出现大量的经贸投资纠纷、民商事争议以及各类违法犯罪案件。虽然每届中非合作论坛会议通过的行动计划都提到中非之间应加强签署并落实投资和司法协助方面的双边条约，并推动中非之间在立法、司法和执法领域的合作，但与中非经贸、投资和人文交流的发展相比，中非目前的双边法制建设还稍显滞后，还不能为中非双边交流与合作提供切实有效的法律保障。

在投资领域，自 1989 年中国与非洲国家加纳签订第一个双边投资保护协定以来，迄今中国仅同 34 个非洲国家签署了此类协定。在这 34 个投资保护协定中，生效的仅有 18 个。2000 年首届中非合作论坛召开以后签署的 19 个双边投资保护条约中，生效的只有7个。考虑到历届中非合作论坛通过的行动计划都提到中非要加强商签双边投资保护协定并积极推动落实生效，这一结果令人感到遗憾。此外，中国投资较多的一些非洲国家，如安哥拉、南苏丹等，还未同中国签署此类条约；或虽已同中国签署此类条约，但尚未生效，如刚果（金）、赞比亚等。目前，中国投资已遍布非洲50多个国家，考虑到在非投资面临很多政治风险、法律风险，中国应尽快同更多的非洲国家签署双边投资条约，并积极推动已签署的双边投资条约落实生效。

在民商事领域，近年来涉及中非当事人的案件越来越多，这些案件涉及合同、婚姻家庭、侵权、不当得利等诸多领域，并且这些案件涉及大多数非洲国家。这些案件如果不能快速有效得到解决，必然会影响中非之间正常的民商事往来。此类跨境民商事争议的顺利解决需要中非双方之间存在通畅的双边途径，即需要双方有相应的民商事司法协助条约。考虑到中非双方法律制度差异巨大，双方对彼此的法律制度不是很了解，中非双方可通过双边民商事司法协助条约，对涉及另一方当事人的民商事案件的管辖权确定、司法和司法外文书送达、域外调查取证、判决和仲裁裁决的承认和执行作出具体规定，以便快速解决争议，防止久拖不决，或即使作出判决，判决却得不到承认和执行。但现实情况是，中国目前仅同北部非洲和东部非洲5个国家，即摩洛哥、阿尔及利亚、突尼斯、埃及和埃塞俄比亚签订了民商事司法协助条约。一些与中国有频繁民商事往来且拥有较多中国移民的非洲国家还没有同中国签署此类条约，如南非、苏丹、尼日利亚、安哥拉、几内亚、加纳、赞比亚、坦桑尼亚、博茨瓦纳、津巴布韦、乌干达、肯尼亚等国。在不存在此类条约时，法院进行调查取证、文书送达就会面临很多障碍，也会影响中非之间民商事判决的承认与执行，造成中非之间的许多民商事案件不能得到有效处理或根本无法得到解决。

在中非民商事往来中，还必须注意双重征税问题。由于各国一般都是按照纳税人居住国原则和所得来源地原则进行征税，在跨国民商事交往中，就可能出现对统一纳税人重复征税的情况。双重征税加重了纳税人的负担，不利于国家之间资金、技术和人员流动。为解决双重征税问题，各国一般都会通过谈判同其他国家签订避免双重征税协定。截至目前，中国已经同毛里求斯、苏丹、埃及、塞舌尔、南非、尼日利亚、突尼斯、摩洛哥、阿尔及利亚、埃塞俄比亚、赞比亚等12个非洲国家签订有效的避免双重征税的协定。显然，中国和非洲国家之间生效的避免双重征税协定的数量极其有限，从长远来看，这不利于中非之间民商事往来。

在刑事领域，近年来在非洲发生的涉及华人的抢劫、伤害、绑架、诈骗等刑事案件越来越多，而中国法院受理的涉及非洲人的贩毒、诈骗、走私珍贵动植物制品等刑事案件也呈现日益增多的趋势。这些日益增多的刑事案件对中非双方人民的生命和财产安全造成极大威胁，对中非社会秩序的稳定带来了极大的隐患，严重影响了中非投资、经贸合作和人文交流的顺利开展。要对这些跨国犯罪案件进行有效打击，就需要中非双方建立起切实可行的双边刑事司法协助渠道。截至目前，中国仅同纳米比亚、阿尔及利亚、突尼斯、南非和埃及五国存在有效的刑事司法协助条约，与纳米比亚、阿尔及利亚、莱索托、突尼斯、埃塞俄比亚、南非和安哥拉七国存在有效的引渡条约。这些条约为中非开展刑事司法协助铺平了道路，对于打击发生在成员国内的违法犯罪活动发挥了积极作用。但是，与中非之间发生的刑事案件相比，这些条约的数量还极其有限，不能有效打击各类违法犯罪活动。

通过对上述中非在投资、民商事和刑事领域的双边法制现状的分析可以看出，中非双边法制建设存在的一个显著不足是相关双边条约的数量少，涵盖的范围有限，不利于中非之间投资争议和民商事争议的顺利解决，不利于中非之间民商事往来的长远发展，也对中非在刑事领域开展合作、共同打击违法犯罪活动造成不便。而且中非之间已有的条约在内容方面还存在很多不足，需要在今后加以完善或在签订新的条约时对内容做相应的调整。本报告将对中非之间已有的双边投资保护条约、双边民商事司法协助条约、双边刑事司法协助条约以及双边税收条约进行考察，分析存在的问题，并在此基础上就如何加强中非双边法制合作提出相应的建议。

本报告共分三章：第一章结合中非经贸关系实际情况、中非之间出现的各类案件以及中非在推动国际经贸规则改革中的作用，分析了中非双边法制合作的重要性；第二章考察了中非之间双边法制合作的现状，并结合中非现有双边条约的具体规定，探讨了中非双边法制合作存在的问题；第三章针对中非双边法制合作目前存在的问题，就如何完善中非双边法制合作提出有针对性的建议，以期在将来为中非经贸关系的发展营造一个全面、综合、立体的法治环境。

第一章 中非双边法制合作的重要性

在跨国经贸往来中，法律制度发挥着重要作用。中国是最大的发展中国家，非洲是发展中国家最集中的大陆。2000年中非合作论坛设立以来，中非经贸关系有了突飞猛进的发展。在这一过程中，各类法律问题也开始大量出现。这就迫切需要双方重视双边法制合作，切实为中非经贸关系营造良好的法治环境。这是因为中非双边法制合作是保障中非经贸关系长远健康发展的需要，是解决中非现实法律问题的需要，也是推动国际经贸规则改革的需要。

第一节 保障中非经贸关系长远健康发展的需要

中国与非洲国家的经济互补性强，双方具有巨大的合作潜力。中国政府一直重视发展中非友好合作关系。20世纪50年代，中非经贸合作以贸易和中国单方对非援助为主。80年代以来，中国改革开放政策不断深入，综合国力不断增强，中非经贸关系开始进入新的发展阶段。2000年中非合作论坛成立后，在中非合作论坛的推动下，中非经贸投资进入迅猛发展的阶段。

贸易是中非经贸合作最初的形式。1950年，中非双边贸易额仅为1214万美元，2000年这一数字突破100亿美元，2008年在不到十年时间内又突破1000亿美元，2013年中非贸易额突破

2000亿美元，是中非合作论坛启动时的20倍。2014年中非贸易额达到历史最高水平，为2200亿美元。由于受国际金融危机的影响，2015年以后中非贸易额有所降低，例如，2015年中非贸易额为1790亿美元，2016年为1492亿美元，2017年中非贸易额有所提升，约为1700亿美元。2018年中非贸易额再次突破2000亿美元，接近2042亿美元。自2009年以来，中国已连续十年成为非洲最大的贸易伙伴。从中国与非洲各国进出口贸易额来看，进出口额排名前十位的非洲国家分别是南非（435.50亿美元）、安哥拉（280.53亿美元）、尼日利亚（152.71亿美元）、埃及（138.26亿美元）、阿尔及利亚（91.05亿美元）、刚果（金）（74.36亿美元）、加纳（72.54亿美元）、刚果（布）（72.44亿美元）、利比亚（62.06亿美元）和肯尼亚（53.72亿美元）。[1]

从投资来看，20世纪80年代中国才开始对非投资，当时规模普遍较小。进入20世纪90年代后，中国对非投资领域不断拓宽，方式日趋多样，投资规模也逐步增大。[2] 2000年中非合作论坛设立后，中国对非投资形成多元化的发展格局。2000年中国对非投资存量仅有2.1亿美元，但截至2017年年末，这一数字已达433亿美元。目前，中国有3400多家企业在非洲52个国家进行投资。[3] 非洲已成为中国重要的投资目的地、第二大海外承包工程市场和第二大海外劳务市场。从投资流量上看，2017年对非洲投资主要流向安哥拉、肯尼亚、刚果（金）、南非、赞比亚、几内亚、刚果（布）、苏丹、埃塞俄比亚、尼日利亚、坦桑尼亚等国家。其中，对安哥拉直接投资流量为6.4亿美元，同比

---

[1] 中非贸易研究中心：http://news.afrindex.com/zixun/article11618.html，2019年8月15日。

[2] 朱伟东：《非洲涉外民商事纠纷的多元化解决机制研究》，湖南人民出版社2013年版，第3页。

[3] 中华人民共和国商务部：《中国对外投资合作发展报告（2018）》，第68页。

增长3.9倍；对肯尼亚直接投资流量为4.1亿美元，同比增长13.8倍。截至2017年年末，中国在南非的直接投资存量达到74.7亿美元，位居非洲首位。其他依次为刚果（金）、赞比亚、尼日利亚、安哥拉、埃塞俄比亚、津巴布韦、加纳和肯尼亚。[①]

从中国对非投资行业分布来看，虽然中国对非直接投资行业领域不断拓宽，但仍相对集中。2017年，中国对非洲地区的投资存量主要分布在5个行业领域，依次为建筑业（29.8%）、采矿业（22.5%）、金融业（14.0%）、制造业（13.2%）以及租赁与商务服务业（5.3%）。建筑业及采矿业仍继续保持在前两名位置。上述5个行业投资存量合计为367.4亿美元，所占比重高达84.8%。[②] 与此同时，一批非洲企业也开始走进中国市场，在中国进行投资经营。在华的非洲投资来源国主要有毛里求斯、塞舌尔、南非、尼日利亚等，投资行业涉及石油化工、加工制造、批发零售等。非洲对华投资体现了优势互补，也带动了中国对非洲和其他地区的商品出口。[③]

随着"一带一路"倡议在非洲的推进，以及"八大行动"在非洲的逐步落实，中非经贸关系进入新的发展阶段。虽然中非经贸关系现在全面而快速地发展，但也面临着一些挑战或问题，需要认真地对待和解决。这些挑战包括但不限于：中非贸易和投资发展不平衡；中国对非投资企业常忽视或违反非洲国家的劳动法，导致劳资争议时有发生；某些中国产品的质量低下，损害了中国产品在非洲人民心中的形象；中国在非投资企业不太关注企业社会责任，与当地民众之间的关系有待进一步加强；中非投资贸易争端还时有发生，影响中非投资贸易的进

[①] 中华人民共和国商务部：《中国对外投资合作发展报告（2018）》，第68—69页。

[②] 同上书，第69页。

[③] 中华人民共和国国务院新闻办公室：《中国与非洲的经贸合作（2013年）》，第6页。

一步健康发展；等等。这些问题如果得不到妥善解决，中非经贸关系将不能长期顺利发展。这些问题是在中非之间的经贸交往中产生的，它们的解决需要中非双方建立全面可靠的法律制度。经济学家诺思通过研究揭示了制度、制度演化与经济绩效之间的关系。他认为"制度是理解政治与经济之间的关系以及这种相互关系对经济成长（或停滞、衰退）之影响的关键"[①]，"制度在社会中具有更为基础性的作用，它们是决定长期经济绩效的根本因素"[②]，而"制度的演化会创造出一种合宜的环境，以有助于通过合作的方式来完成复杂的交换，从而促成经济增长"[③]。有学者通过中非之间发生的大量案例指出，随着中非双方经济、商业合作的日益频繁、扩大、复杂，在没有充分的制度安排以解决此类不可避免的纠纷时，中非之间所要面临的法律挑战会日益增加。[④]

在跨境民商事交往中，法律制度的作用日益显现。一套全面而适宜的法律制度可以给参与跨境交易的行为体带来诸多好处。例如，它有助于给合同当事人带来确定性和可预见性；有助于增强投资者的信心；有助于有效打击各类跨境犯罪，保护交易主体的人身、财产和生命安全；有助于快速解决争议，确保交易的顺利进行；等等。针对中非之间经贸关系的现状以及中非双方的法律制度现状，中国和非洲国家可以通过制度趋同（institutional convergence）的方式为双方之间的经贸往来创造一个良好的法律环境。制度趋同是一个国家间的概念（between

---

① ［美］道格拉斯·C. 诺思：《制度、制度变迁与经济绩效》，杭行译，上海人民出版社2014年版，第140页。
② 同上书，第127页。
③ 同上书，第1页。
④ ［加拿大］Moses N. Kiggundu：《法律制度在中非商事关系中的作用及其完善》，朱伟东译，《民商法论丛》2014年第54卷，法律出版社2014年版，第350—351页。

country concept），它是指彼此交易的两个或两个以上的经济体之间的制度的配置。具体而言，制度趋同指的是参与经济活动的各个经济体的相关法律和司法制度与组织在改革期间，在各自经济体内向相似方向共同前进的程度。① 制度趋同可以通过两种方式实现：一种是不同国家之间国内法律制度的协调化，即相关国家都采用相同或相似的法律制度或通过采用相同的冲突规范，以实现结果的一致性；另一种是不同国家之间法律制度的一体化，即相关国家通过制定或采用共同法律文件如通过制定某一领域的国际公约或双边条约的形式，在某一领域都适用同一的法律制度。与协调化相比，一体化是一种更高程度的法律制度趋同形式。由于涉及主权让渡，一体化也是一种难度更大的法律制度趋同形式。这也表明了中国和非洲国家开展法制合作的重要性。中国和非洲国家已经签订了一系列的双边条约，在投资、税收、民商事和刑事司法协助等领域实现了一定程度的法律制度一体化。本报告主要围绕这些双边条约来分析中国和非洲国家之间的双边法制合作，当然也会提及中国和非洲国家共同加入的一些国际公约。

第二节 解决中非现实法律问题的需要

随着中非双边经贸投资关系的发展，中非民商事往来日益频繁，各类法律问题不断涌现。这些法律问题涉及投资争议、民商事纠纷、跨境犯罪、税收冲突等。这些法律问题如不能得到快速、合理、有效的解决，将影响中非经贸投资关系的进一步发展。这些法律问题的解决需要中非双方进行切实的法制合

---

① ［加拿大］Moses N. Kiggundu：《法律制度在中非商事关系中的作用及其完善》，朱伟东译，《民商法论丛》2014 年第 54 卷，法律出版社 2014 年版，第 334—335 页。

作，以便为这些法律问题的解决提供相应的途径和法律框架。本部分将结合中国法院受理的涉及非洲当事人的案件以及非洲法院受理的涉及中国当事人的案件，对中非之间产生的现实法律问题进行实证分析，以揭示中非之间现实法律问题的类型，阐明中非开展双边法制合作的重要性，也为中非双边法制合作的重点领域指明方向。

一 中国法院受理的涉及非洲当事人的案件

加强与非洲国家的团结合作一直是中国外交的重要基础，随着"一带一路"倡议在非洲的推进，"八大行动"在非洲的逐步落实，中非之间的关系日益密切，非洲来华人口数猛增，他们在中国所涉及的法律问题也随之而来。从时间上来看，近10年来，非洲移民人数和入境人数开始出现增长趋势，非洲国家公民在中国境内进行的违法犯罪活动以及他们在正常的经济往来和生产生活中所遇到的民事方面的法律问题也逐步增加。从国家和区域分布上来看，中国法院受理的涉及非洲国家当事人的案件主要集中在尼日利亚、埃及、南非和刚果（金）等与中国经济往来较为密切的国家。笔者从无讼网上收集了2008—2018年共430个涉及非洲国家公民的涉外民事案件和刑事案件，其中涉及尼日利亚、埃及、南非和刚果（金）国民的案件分别占到了26.5%、15.3%、10.2%、6.5%。因此，本部分集中以尼日利亚、埃及、南非、刚果（金）等案件数量较多的国家为单独分析样本，以其他的非洲国家为集体分析样本，对非洲国家公民在华的民事案件和刑事案件的总体情况以及特点进行分析。

（一）中国法院受理的涉及非洲国家当事人案件的总体情况

笔者共收集到涉及尼日利亚公民的民事案件和刑事案件114件，其中民事案件10件，刑事案件104件。民事案件和刑事案件数量比约为1∶10。就民事案件来看，由于所获取的案件数量不高，并不能完全反映尼日利亚公民在华遇到的法律纠纷总体态势,但仍然反映出了一定的案件分布特点。根据图 1-1 显示的统计结果,婚姻家庭类纠纷占比最高,共 5 件,其他类案件为各 1 件。就受理案件的法院来看,其中 3 个案件由北京地区的法院受理,4 个案件由广东地区的法院受理,其他 3 个分别位于浙江、山东和福建,大体反映出了尼日利亚公民活动的地域特点。

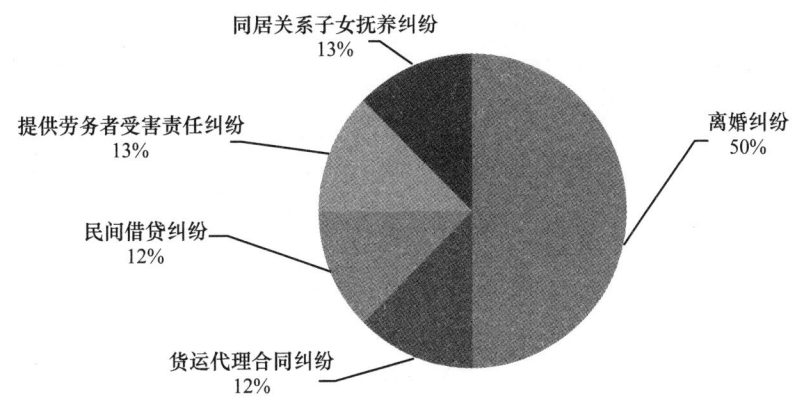

图 1-1 尼日利亚公民在华民事案件

根据图 1-2 显示的统计结果,在所有的刑事案件中,尼日利亚公民进行的毒品类犯罪占比最高,包括走私、贩卖、运输、制造毒品罪,非法持有毒品罪,容留他人吸毒罪。就受理案件的法院来看,北京地区的法院共受理了 40 件,占 40%,其中朝阳区人民法院受理了 17 件,几乎都是毒品类犯罪。这种态势和尼日利亚国内毒品泛滥有着密切的联系。据尼日利亚《抨击报》2019 年 1 月 30 日报道,联邦政府在阿布贾提交的《尼日利亚毒品使用情况调查报告》显示,有 1430 万人(约占全国 15—64 岁人口的 14.4%)过去一年滥用过有关毒品。①

---

① 中华人民共和国商务部官网:《1430 万尼日利亚人滥用烈性毒品》,http://nigeria.mofcom.gov.cn/article/jmxw/201901/20190102831932.shtml,2019 年 7 月 20 日。

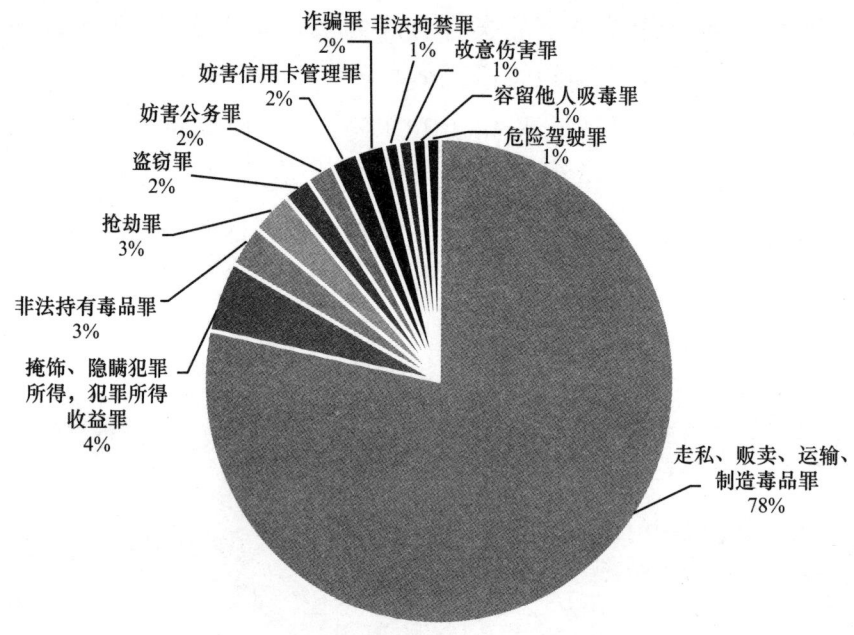

图1-2 尼日利亚公民在华刑事案件

笔者收集到涉及埃及公民的民事案件和刑事案件66件,其中民事案件42件,刑事案件24件。民事案件和刑事案件的数量比为7∶4。

根据图1-3显示的统计结果,在所有的民事案件中,买卖合同纠纷占比最高,其次是借款合同纠纷。就受理案件的法院来看,多位于浙江省内,其中浙江省义乌市人民法院审理的案件为17件,占比为40%。综合考虑浙江省义乌市在商品国际贸易经济上的区位作用,可以推断出,埃及公民在华多从事商品贸易类工作,因此在涉及的民事案件中以买卖合同纠纷为主。

根据图1-4显示的统计结果,在所有的刑事案件中,埃及公民所犯的假冒注册商标罪占比最高。就受理案件的法院来看,仍然多位于浙江省内,浙江省义乌市人民法院审理的案件为5件,占比20%。刑事案件案由及受理法院的总体规律同样与埃及公民从事商品贸易类工作紧密相关。

中非双边法制合作 13

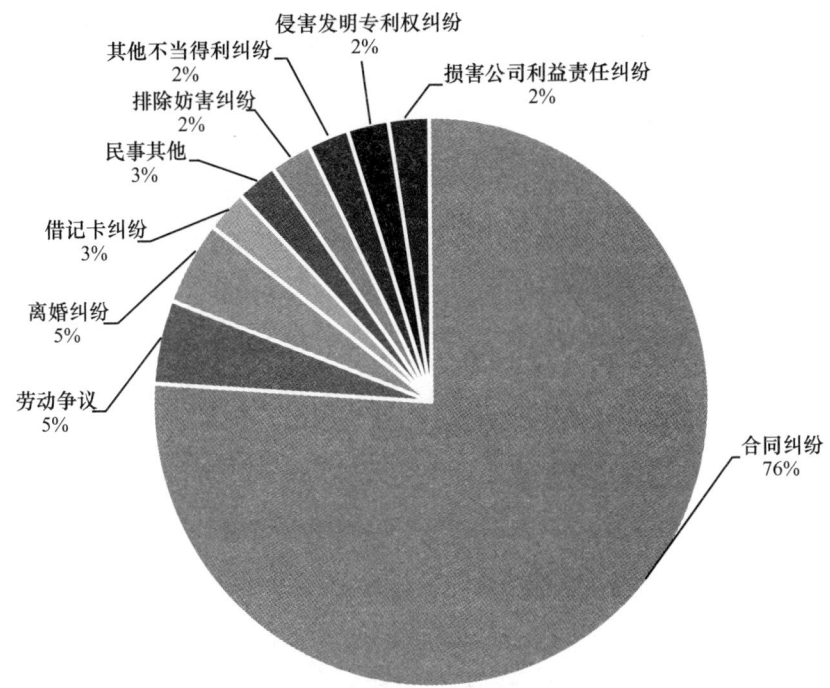

图 1-3 埃及公民在华民事案件

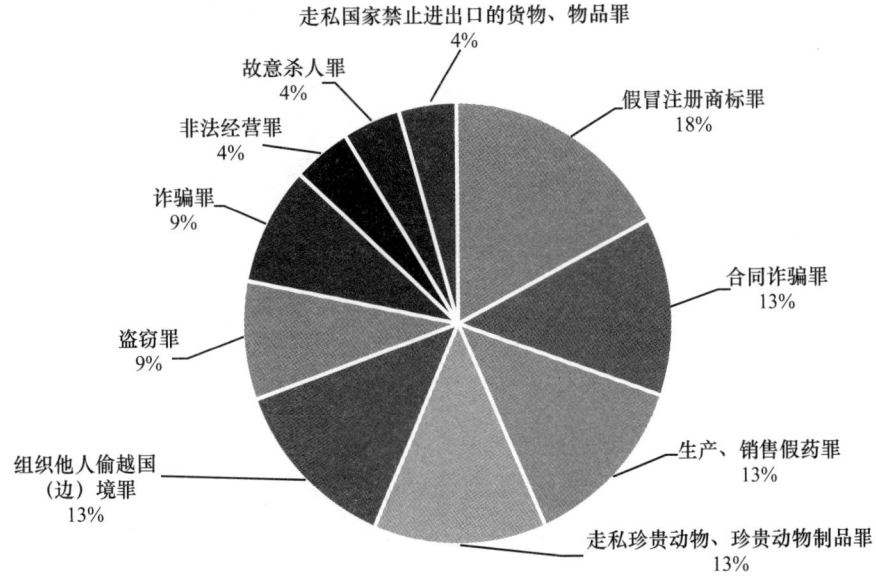

图 1-4 埃及公民在华刑事案件

笔者收集到涉及南非公民的民事案件和刑事案件44件，其中民事案件22件，刑事案件22件。民事案件和刑事案件数量比为1∶1。

根据图1-5显示的统计结果，在所有的民事案件中，合同纠纷占比最高，其他类案由分布较为平均。就受理案件的法院来看，多位于上海和广东地区，其中上海地区的法院受理了12件，广东地区的法院受理了6件，占民事案件总数的82%。由此可见，南非公民多活跃于上海和广东地区，并从事商事活动为主。

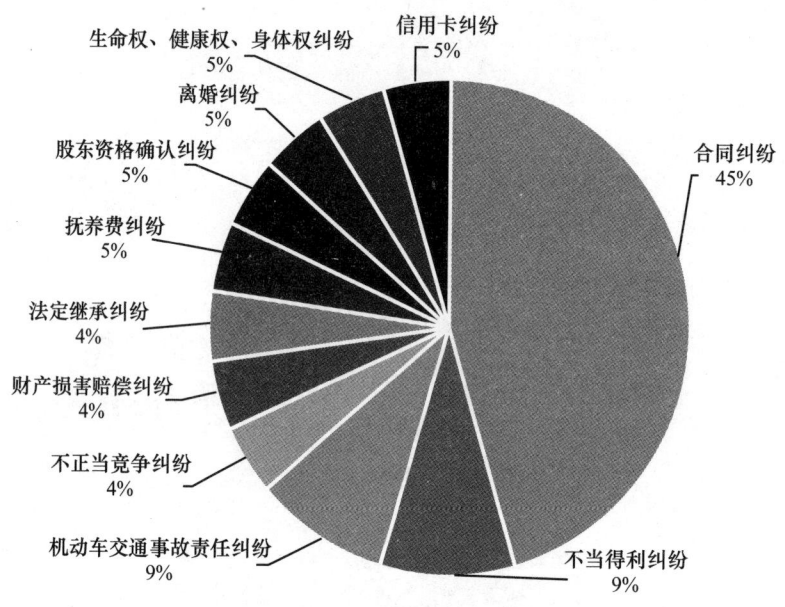

图1-5　南非公民在华民事案件

根据图1-6显示的统计结果，在所有的刑事案件中，南非公民进行的毒品类犯罪占比最高，包括走私、贩卖、运输、制造毒品罪，容留他人吸毒罪。就受理案件的法院来看，北京地区的法院共受理了8件，占36%，几乎都是毒品类犯罪。其他受理案件的法院地点比较分散，包括浙江、云南、上海、广东、福建、天津等地。而在笔者收集数据范围内，南非公民的刑事案件和民事案件发生地呈现脱轨的局面，民事案件较多的上海地区法院受理刑事案件并不多，并未受理民事案件的北京地区法院反而受理了大量的刑事案件。从一定程度上可以推断，南非公民所涉及的毒品类犯罪活动有着区别于普通民商事活动的活动区域和线路。

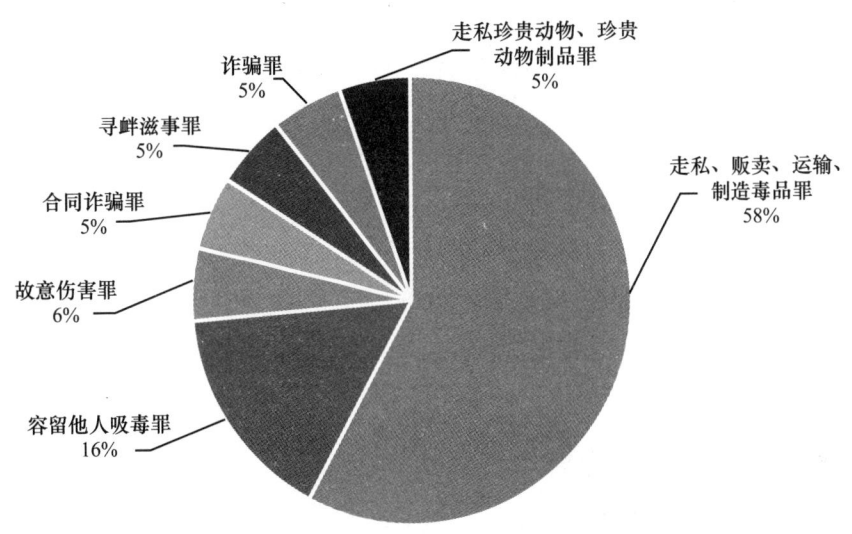

图 1-6　南非公民在华刑事案件

笔者收集到涉及刚果（金）公民的民事案件和刑事案件28件，其中民事案件13件，刑事案件15件。民事案件和刑事案件数量比基本为1∶1。就民事案件来看，根据图1-7显示的统计结果，在所有的民事案件中，合同纠纷占比最高，其他类案由分布较为平均。就受理案件的法院来看，分布的地区包括北京、广东、上海和浙江等东部发达地区。

就刑事案件来看，根据图1-8显示的统计结果，走私珍贵动物、珍贵动物制品罪和走私、贩卖、运输、制造毒品罪并列占比第一。就受理案件的法院来看，广东地区受理了6件，占40%，以走私珍贵动物、珍贵动物制品犯罪为主。然而，刚果

16　国家智库报告

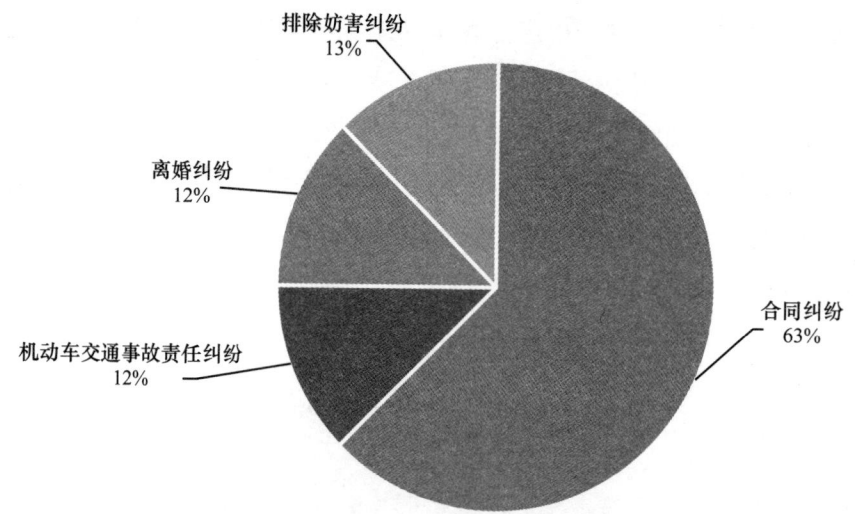

图1-7　刚果（金）公民在华民事案件

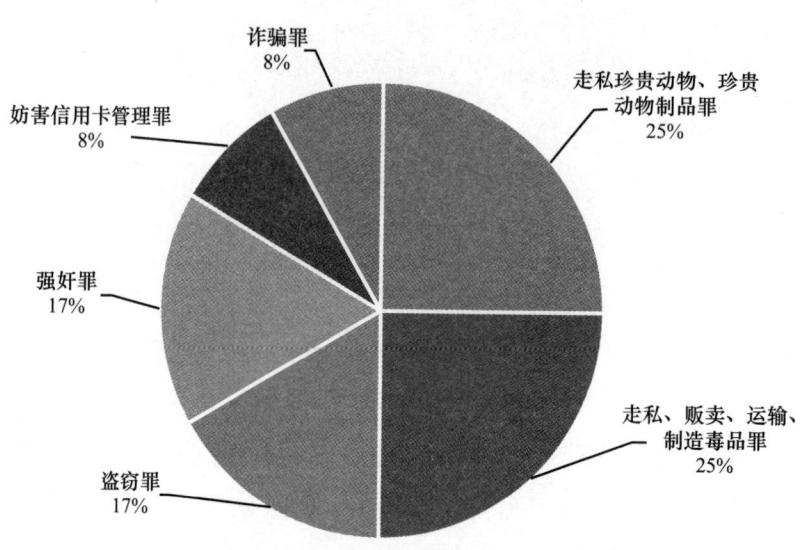

图1-8　刚果（金）公民在华刑事案件

（金）公民在中国走私珍贵动物、珍贵动物制品犯罪的增多，主要是源于中国和刚果（金）对象牙制品的管控不同。刚果（金）国内对象牙制品的管控相对宽松，市场上可以公开进行售卖,刚果(金)公民可以相对容易地获取象牙制品,并通过夹带的方式进入中国境内进行贩售牟利。

笔者收集到涉及其他非洲国家公民的民事案件和刑事案件177件,其中民事案件63件,刑事案件114件。

根据图1-9显示的统计结果,在所有的民事案件中,离婚纠纷占比最高,合同纠纷和不当得利纠纷次之。这反映出随着中国和非洲国家的经贸交往越来越密切,越来越多的非洲国家公民选择在中国建立家庭以定居生活,非洲国家公民和我国公民跨国婚姻呈现增长态势。就受理案件的法院来看,广东地区的法院共受理了27件,占43%,符合非洲国家公民广泛活动于广东地区的地域特点。

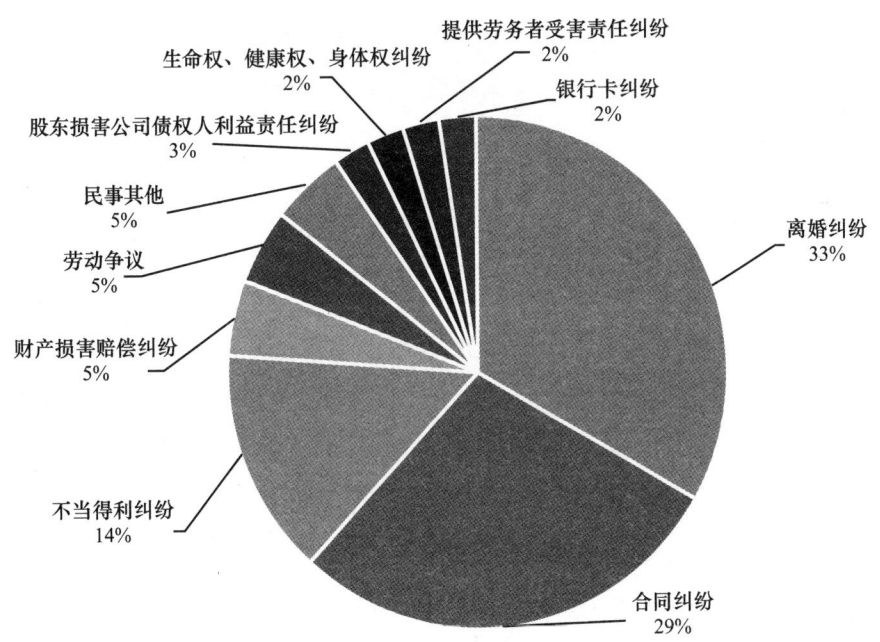

图1-9 其他非洲国家公民在华民事案件

根据图1-10显示的统计结果,走私、贩卖、运输、制造毒品罪占比第一。就受理案件的法院来看,北京、浙江、福建和广东地区的法院分别受理了 26 件、25 件、12 件、11 件,共占到案件总数的 64.9%,与上述尼日利亚、埃及、南非、刚果(金)4 个国家的案件地域分布规律保持一致。

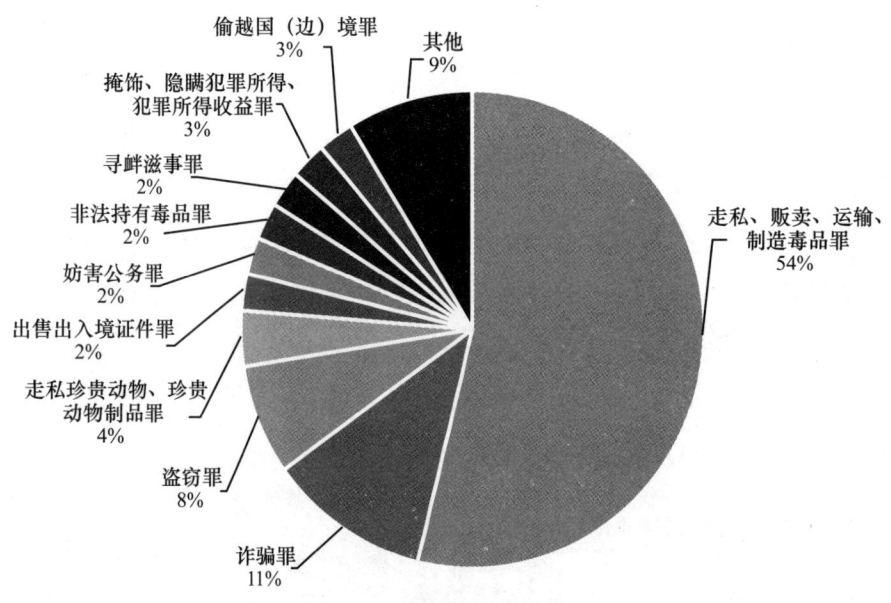

图 1-10 其他非洲国家公民在华刑事案件

(二)中国法院受理的涉及非洲国家当事人的案件的特点

通过上述总体情况的分析,可以看出中国法院受理的涉及非洲国家当事人的民事案件具有如下两个显著特点:

一是案件地域分布集中。从民事合同纠纷分布的地域来看,非洲国家公民的活动主要分布于经济较为发达的大城市,以广州最为集中,而由于浙江的零售和批发行业较为发达,也被相当一部分非洲国家公民当作生活和"淘金"的地点,浙江省义乌市和金华市是案件高发区。由于商品买卖较为发达,所呈现出的民事案件的类型也集中于买卖合同纠纷、借贷和民间借贷纠纷以及无因管理和不当得利案件。由此可见,国内中心城市、区域中心城市、沿海经济发达地区和边境开放口岸作为中国经济社会发展程度较高、资源和财富集中、交通发达、客流量及货流量都较大以及政策优惠地区,自然成为了非洲国家公民的首选。

二是个案之间的相似性强。非洲国家公民在华从事的民事活动,有极高的相似度,从而导致其纠纷也表现出极强的相似性。在其从事的小商品买卖和批发活动中,不仅地域集中的现象表现明显,而且案件纠纷主要是由于合同一方当事人履行了付款义务之后,另一方当事人迟延交货而产生,并且该类案件的合同形式集中表现为口头合同;在代理合同中,为非洲国家公民或其名下的公司进行代理的中国当事人,由于非洲国家公民欠款失联而导致自身陷入法律纠纷;在婚姻家庭纠纷中,绝大部分都是离婚案件,而离婚的主要原因是分居,非洲国家公民与中国公民结婚后单方返回本国,婚姻陷入长期的有名无实状态,夫妻双方感情淡薄而离婚。

从中国法院受理的涉及非洲国家当事人的刑事案件来看,也表现出两个明显特点:

一是犯罪类型较为集中。非洲国家公民在中国境内进行的违法犯罪活动主要以"获利"为其动机,行为主要表现为从国内外走私、贩卖违禁品,通过该"商品"本身的巨额利润和购进卖出之间的巨大差价来获得特定利益,而此类行为的对象集中于毒品和珍贵动物制品两种。非洲近年来的经济发展呈上升趋势,但相较于世界上的平均发展水平而言,依旧比较落后,加之非洲的自然环境为毒品的生长提供了天然的地理条件,因此,在中国,非洲国家公民从事毒品犯罪的活动依旧在所有刑事犯罪活动中占据最高比例,毒品犯罪在所有犯罪案件中位居榜首。[①] 在走私珍贵动物、珍贵动物制品类的犯罪中,刚果(金)公民涉及此类刑事案件的最多。在此类案件中,由于不同国家之间对于珍

[①] 李怀胜:《在华外国人犯罪的实证分析与形势政策应对》,《犯罪研究》2014年第2期。

贵动物和珍贵动物制品的规定不同，会造成不同国籍国民之间对此类犯罪活动的认识具有较大差异。例如，刚果（金）国内市场上存在部分符合其国内法的象牙制品交易，其公民在通过其本国海关时，并未受到拦阻、查获等，则在对该行为进行认定时，可能会存在法律上的认识错误，进而会影响其犯罪故意的成立与否。① 在实际的案件中，刚果（金）公民作为刑事诉讼被告人，确实也多以其行为在本国国内为合法，而不知在中国为违法进行抗辩。因此，在此类犯罪活动中，国与国的法律规定给司法工作者的相关具体工作的开展带来了极大挑战。

二是不同非洲国家公民的刑事案件分布存在差异。首先，不同非洲国家的公民涉及的刑事案件类型不同。对尼日利亚、埃及、南非和刚果（金）4个样本国家刑事案件的数据进行分析发现，埃及公民的刑事案件与民事案件的比率最低，且大都集中于假冒注册商标、合同诈骗、生产销售假药等经济类犯罪，毒品类犯罪占比不高。而对于尼日利亚公民，刑事案件与民事案件的比率最高，几乎都是毒品类犯罪。这两国公民的刑事案件受理法院地域也存在较大差异，埃及公民的刑事案件受理法院集中于浙江地区，而尼日利亚公民的刑事案件受理法院集中于北京地区。其次，非洲国家的公民涉及的刑事案件在中国国内的地域分布不均衡。人口迁徙和流动是人类社会的普遍现象，但与来华非洲国家公民人口数增长对应的是，非洲国家公民人口在中国境内分布的不均衡性，再加上有些地区的地理条件为从事特定的行为提供了便捷的基础，因此，非洲国家公民在中国境内进行的违法犯罪活动呈现出区域集中的现象。其中，北京、广州、浙江等地非洲国家公民的违法犯罪活动的数量明显高于其他地区，上海、天津、江西、湖南次之。

---

① 时延安、赵文芳：《走私珍贵动物制品中的两个问题》，《中国检察官》2011年第5期。

二 非洲国家法院受理的涉及中国当事人的案件

收集非洲国家法院受理的涉及中国当事人的案件并非易事，因为很多非洲国家法院的判决书还未上网。此外，由于语言的限制，本报告只选取英语非洲国家法院的判决书。根据所能获得的信息，本报告将以乌干达、坦桑尼亚和赞比亚法院作出的涉及中国当事人的判决书为例来进行分析。上述非洲国家法院的判决书都是通过相关国家或地区的法律信息院（legal information institute）的搜索引擎获取的。此类判决书是通过输入关键词"中国"（China）获取的，虽然获得的信息可能存在一定的疏漏，但它基本上能够反映非洲国家法院受理的涉及中国当事人的案件情况。

通过上述方法，笔者在乌干达法律信息院网站上收集了乌干达法院在2000年以来作出的99份涉及中国当事人的判决书。从受理案件的法院来看，乌干达商事法院作出了56份判决书，乌干达高等法院民事分庭作出的各类民事判决书有25份，乌干达高等法院刑事分庭作出的刑事判决书有5份。从这些判决书的时间分布来看，2010年后乌干达各类法院受理的涉及中国当事人的案件明显增多，共有76份。① 笔者在坦桑尼亚法律信息院网站上收集到坦桑尼亚法院自2005年以来作出的18份涉及中国当事人的判决书，其中坦桑尼亚高等法院商事分庭作出的判决书有6份。从时间分布来看，坦桑尼亚法院最近几年受理的涉及中国当事人的案件明显增多，2016年作出的判决书有6份，2018年作出的判决书有12份。② 笔者在赞比亚法律信息院网站上收集到赞比亚法院自2000年以来作出的涉及中国当事人

---

① 乌干达法律信息网：https：//ulii.org/search/ulii/China，2019年9月19日。

② 坦桑尼亚法律信息网：https：//tanzlii.org/search/site/China?page = 2&f%5B0%5D = bundle%3Ajudgment，2019年9月19日。

的判决书有46份，从判决书的内容看，大部分是民商事判决书，而且近几年作出的判决书明显增多，如2016年作出的判决书有12份，2017年作出的判决书有16份。① 通过上述信息可以看出，非洲国家法院受理的涉及中国当事人的案件主要集中在民商事案件、刑事案件，并且从整体上看，案件呈递增趋势。

（一）非洲法院受理的涉及中国当事人的民商事案件

就具体案件类型而言，非洲国家法院受理的涉及中国当事人的民商事案件主要集中在以下几类：②

（1）合同纠纷

合同纠纷是中非经贸中的一个主要案件类型。在合同纠纷中，买卖合同纠纷和投资合同纠纷占据多数。在投资合同纠纷中，大量体现为建筑合同纠纷。因为在中国对非投资中，大量投资为基础设施建设投资。例如，埃及开罗地区国际商事仲裁中心在2009年和2010年上半年所受理的89个案件中，货物买卖纠纷案件和建筑合同案件数量为受理案件总数的33%。而在这89个案件中涉及中国当事人的案件数量为受理案件总数的11%，仅次于涉及德国当事人的案件的数量（12%）。在该中心2012年上半年所受理的案件中，涉及中国当事人的案件占7%，仅次于涉及沙特阿拉伯（44%）和利比亚（25%）当事人的案件数量。③

---

① 赞比亚法律信息网：https://zambialii.org/search/site/China，2019年9月19日。

② 关于中非之间的民商事案件的详细情况分析，参见朱伟东《中国与非洲民商事法律纠纷及其解决》，《西亚非洲》2012年第3期。

③ CRCICA Annual Report (2009 - 2010)。感谢该中心执行主任Mohamed Abdel Raouf博士为笔者提供了这些报告。这些报告也可在该中心网站找到，http://www.crcica.org.eg/pub_annual.html，2018年9月10日。

(2) 信用证、保函纠纷

在中非当事人之间的货物买卖合同中，有许多约定了信用证付款方式。而在中非工程承包合同中，非洲国家发包方往往要求中国承包方提供银行出具的预付款保函和履约保函。因此，此类纠纷在中非经贸往来中时有发生。例如，在 2011 年利比亚战争发生后，利比亚的一些银行如利比亚撒哈拉银行和利比亚共和国银行曾向中国银行、中国进出口银行、中国建设银行提出 11 笔保函延期要求，涉及中土集团、中水电集团、葛洲坝集团、北京建工、北京宏福等 7 家企业的 8 个工程项目。①

(3) 海事纠纷

非洲一些国家如南非、埃及、尼日利亚在世界海运交通中占据非常重要的地理位置，它们的一些港口成为各国船舶的经常汇集地，如南非的德班港和开普敦港、尼日利亚的拉各斯港、埃及的亚历山大港等。中国的一些远洋船舶经常在这些港口停留或经这些港口再驶往其他地方，由此产生了大量的海事纠纷，如 1992 年中国大河航运公司所属"巨鹰轮"南非被扣案②、1999 年 8 月 26 日海南洋浦国信船务有限公司所属"恒裕轮"南非德班港被扣案③，以及 2002 年 3 月 12 日广州远洋运输公司所属的"乐从轮"南非被扣案④等。

---

① 信息来源：http：//www.gov.cn/gzdt/2011 - 04/02/content_1837405.htm，2019 年 8 月 16 日。

② Great River Shipping v. Sunnyface Marine 1992 (4) SA 313 (C)。该案对于确立南非不方便原则发挥了决定性作用。有关本案的介绍参见朱伟东《南非海事诉讼中的不方便法院原则》，《西亚非洲》2004 年第 3 期。

③ http：//www.civillaw.com.cn/article/default.asp？id = 9896，2011 年 6 月 25 日。

④ International Marine Transport SA v. MV "Le Cong" and Another (80/2005) [2005] ZASCA 106 (23 November 2005).

24 国家智库报告

（4）侵权纠纷

在南部非洲法院作出的涉及中方当事人的判决中，侵权纠纷案件有4个，也占有相当大的比例。这4个案件涉及人身伤害[①]、名誉侵权[②]、商标侵权[③]和不正当竞争侵权[④]，分别是由塞舌尔最高法院、南非高等法院、乌干达高等法院和莱索托高等法院作出的。

（5）婚姻家庭纠纷

随着中非民商事往来的发展，中国人和非洲人之间的婚姻大量增加，涉及中非当事人的婚姻家庭纠纷开始大量出现。例如，在笔者所收集的案例中，有由南非法院作出的涉及南非妈妈和中国爸爸有关孩子监护权的纠纷[⑤]，有由莱索托法院受理的一对来自台湾地区的夫妇离婚案件[⑥]，还有由中国法院审理的涉及对位于莱索托的离婚财产的分割问题[⑦]。

[①] Mrs Yuping Lee v. Mr Wu YaoZheng, Civil Side No. 54 0f 2002, in the Supreme Court of Sychelles.

[②] Dong Cheng v. Chinese Express SA (Pty) Ltd et Others, case No. 17/06/2008, in the High Court of South Africa (Transvaal Provincial Division).

[③] Societe Bic Trading Company Ltd v. Wenbara Trading Company Ltd et Others, HCT-00 – CS-0704 – 2006, in the High Court of Uganda (Commercial Court Division).

[④] Mamathe Hanyane v. Zhaifeng Jiang et Others, CIV/APN/29/98, in the High Court of Lesotho.

[⑤] Elize Lin v. The Director: The Department of International Relations and Co-operation, case No. 3207/2010, in the High Court of South Africa (Eastern Cape, Port Elizabeth). 关于该案的评述，参见朱伟东《南非妈妈和中国爸爸的夺子之战》，《法制日报》2011年4月12日环球法治版。

[⑥] Weng Hsin-tui v. Weng Yeh Liya, CIV/t/351/99, in the High Court of Lesotho. 关于该案的评述，参见朱伟东《从华人夫妇莱索托离婚看"外域法"》，《法制日报》2011年4月26日环球法治版。

[⑦] 《钱林超与张晓明离婚纠纷案》，福建省厦门市思明区人民法院民事判决书，（2001）思民再字第72号。

此外，还有涉及遗产继承和财产分割的案件，如津巴布韦高等法院审理的王玉普等诉兰巧德等案①、莱索托高等法院审理的董平华等诉张昭太案②。可见，中非民商事案件的类型十分广泛。还需要特别指出的是，在非洲国家法院作出的涉及中国当事人的判决中，还有很多是刑事案件。③ 特别是近年来，中国当事人在非洲遇到的抢劫、盗窃、诈骗、绑架、走私等类型的刑事案件时有报道，这也是中国和非洲国家开展双边法制合作必须注意的一个重要领域。

（二）中资企业在非洲遇到的投资纠纷

为了解中资企业在非洲投资所遇到的法律问题，笔者在最近几年多次到埃塞俄比亚、肯尼亚、坦桑尼亚、乌干达、尼日利亚、喀麦隆、科特迪瓦等非洲国家进行实地调研，并且还通过发放"非洲创业法律问题调查问卷"等方式，收集到大量相关案例。通过对调研材料的分析可以看出，中国企业在非洲投资遇到的主要法律问题包括劳资关系法律问题、环境保护问题以及税收问题，其他一些法律问题涉及投资准入、非洲国家政府的诚信履约问题、劳动签证问题、当地的司法和执法问题等。④ 现就中资企业对非投资中的主要法律问题做一简单分析：

（1）劳资关系法律问题

中资企业在非洲遇到的劳资关系法律问题主要集中在以下

---

① Wang Yupu et Others v. P. Ranchod N. O. et Others，HC 2309/05，in the High Court of Zimbabwe.

② Dong Pinghua, Dong Jinhua v. Zhang Zhaotai，CIV/APN/189/99，in the High Court of Lesotho.

③ 朱伟东：《非洲涉外民商事纠纷的多元化解决机制研究》，湘潭大学出版社2013年版，第9页。

④ 朱伟东：《中非产能合作应注意哪些法律问题》，《人民论坛》2018年第5期。

几个方面：一是当地劳动法律要求对当地工人进行技能培训，提高了用工成本；二是当地劳动法过于保障工人的工作自由，导致工人随意旷工现象严重；三是当地劳动法规定的假期较多，再加上当地员工缺乏加班意识，导致工程进展关键时期缺乏必要人员；四是当地员工法律意识较强，当地中资企业不得不花费大量时间和精力应付劳资纠纷。

（2）环保法律问题

所调研的非洲国家十分重视环境保护，都制定了大量的环保法律、法规，同时对违反这些法律规定的行为施加了极为严厉的惩罚措施。对于工程项目，这些国家都规定了不同的环境影响评估标准和程序。此外，当地民众大都具有强烈的环保意识，而且当地还有很多热心环保事业的非政府组织，如果中资企业有违反当地环保法律的行为，就会在当地引起轩然大波。许多中资企业反映，在非洲当地的投资中会经常遇到环保法律问题。例如，在 2019 年 6 月 26 日，肯尼亚当地法院就以环保问题为由，叫停了中资企业承建的肯尼亚首家燃煤电站项目。[1]

（3）税收法律问题

在非洲走访中资企业时，很多中资企业反映，很多非洲国家存在征税主体不明确、税种繁杂、税负沉重等问题，这会导致企业获得的利润减少，可能在一定程度上影响企业投资的热情。此外，还应注意双重征税问题。双重征税加重了纳税人的负担，不利于国家之间资金、技术和人员流动。中国和一些非洲国家签订有避免双重征税条约，但很多中资企业反映，在实践中存在此类税收协定无法落实的情况，与当地政府就此沟通存在困难。由于中国和非洲国家签订的避免双重征税条约数量有限，很多在非洲投资的中资企业仍然面临双重纳税的问题，

---

[1] 凤凰网：http://news.ifeng.com/c/7nsNi9qBqrI，2019 年 9 月 20 日。

这也加重了企业的纳税负担。

（3）其他问题

在非洲国家调研时，中资企业反映的下列问题也较为普遍：一是非洲国家政府频繁改变，政策缺乏确定性与可预见性；二是非洲国家新政府上台时，往往会对外资实行收紧政策，对外资施加过多限制，或不认可或不遵守中资企业与上一届政府签订的合同；三是非洲国家一些政府部门不遵守协议、相互扯皮推诿现象严重；四是在工程承包方面，特别是在商业项目方面，非洲国家政府延迟支付工程款现象突出。对于一些援建项目，在项目完成后，非洲政府还存在迟迟不接收的现象，等等。

从上面对中国法院受理的涉及非洲国家当事人的案件以及非洲国家法院受理的涉及中国当事人的案件来看，随着中非经贸关系的发展，中非之间发生的各类案件日益增加。这些案件类型多样，既有民商事案件、刑事案件，也有涉及税收、环保、劳资关系的案件，而且这些案件递增趋势非常明显。这些案件如果不能得到妥善解决，会影响中非经贸关系的进一步发展。而这些案件的解决，首先需要有健全的法律制度框架，如跨境民商事、刑事案件的解决需要有相应的民商事、刑事司法协助条约，税收争议、环保争议，以及其他类型的投资争议的解决需要有相应的避免双重征税条约、双边投资保护条约等。从第二章的分析来看，中国和非洲国家在双边法制合作方面还存在一些问题，需要予以完善。

第三节 推动国际经贸规则改革的需要

对于中国和非洲国家在内的广大发展中国家来说，战后国际秩序是以欧洲为中心的，主要反映的是欧洲西方国家的利益，推崇的是基督教价值观，在很多情况下是为殖民主义正名的。从历史上看，国际法的发展主要是在欧洲一些所谓的"文明"

国家的主导下进行的,长期以来包括非洲国家和中国在内的发展中国家被排除在国际法的门槛之外,不但对于国际法的发展没有任何的发言权,甚至只是被作为西方国家主导的国际法的客体来看待。① 在中国和非洲国家摆脱殖民统治获得完全独立地位后,它们积极参与国际事务,对于国际规则的制定和完善作出了各自的贡献。例如,非洲国家提出的关于国家条约继承的尼雷尔主义、海洋专属经济区的概念已被《关于国家在条约方面的继承的维也纳公约》和《联合国海洋法公约》所采纳,并被视为是习惯国际法的一部分。② 中华人民共和国自成立以来,一直"是现行国际体系的参与者、建设者、贡献者""是国际合作的倡导者和国际多边主义的积极参与者"③。中国政府首次倡导提出的"和平共处五项原则"已经成为国际法的一项基本原则,是对联合国宪章的补充和发展。中国创造性地提出"一国两制"方针,妥善解决了历史遗留的香港、澳门问题,丰富了国际法的内容。中国积极参与国际多边公约的起草和制定工作,成为诸多国际公约的原始缔约国和参加国,为国际法的编纂和逐步发展作出了重要贡献。习近平主席提出的构建人类命运共同体的理念也被写入联合国决议,丰富了国际法法治思想,得到世界上越来越多国家和国际组织的认同和接受。④

---

① 关于国际法的早期发展历史以及欧洲殖民者利用所谓的"国际法"在非洲开展殖民化的进程历史,参见[索马里]阿卜杜勒卡维·A. 优素福《泛非主义与国际法》,万猛、赵理智、朱峰、韩泓宇译,法律出版社2019年版,第35—55页。

② [索马里]阿卜杜勒卡维·A. 优素福:《泛非主义与国际法》,万猛、赵理智、朱峰、韩泓宇译,法律出版社2019年版,第107—114页。

③ 中共中央宣传部:《习近平总书记系列重要讲话读本》,学习出版社、人民出版社2016年版,第275页。

④ 李伟红、敬宜、杨迅、王迪:《中国为国际法的创新发展做出重要贡献》,《人民日报》2019年4月17日第17版。

中国和包括非洲国家在内的广大发展中国家还携手推动了国际规则的发展和完善，使国际法规则更多地反映了发展中国家的呼声和要求，有力地维护了发展中国家的利益，使国际政治和经济秩序朝向更为合理的方向发展。在1955年的万隆会议上，中国和其他亚非国家提出处理国家间关系的十项原则，是对《联合国宪章》的丰富和具体化；根据万隆会议成立的亚非法律协商组织成为中国和广大亚非国家在国际法领域协调合作的重要平台；在20世纪60年代和70年代，在中国和非洲国家在内的发展中国家的合作和协调下，联合国大会通过了《关于给予殖民地国家和人民独立的宣言》《关于自然资源之永久主权的决议》《关于各国依联合国宪章建立友好关系及合作之国际法原则》等一系列大会决议，它们现在都已成为国际习惯法的重要组成部分；自20世纪80年代以来，中国和包括非洲在内的广大发展中国家还在国际海洋法、国际环境法、国际人权法、多边贸易领域提出了许多重要的国际法原则，如"人类共同继承财产"原则、"共同但有区别的责任"原则、"生存权和发展权作为基本人权"的原则、"特殊与差别待遇"原则等。

中国和非洲国家还相互支持对方根据国际法提出的合理诉求，相互支持对方有关改革和完善国际规则的合理化建议和主张。例如，在2016年菲律宾炮制的南海仲裁案中，对于中国根据国际法提出的有关南海问题的合理立场，有30多个非洲国家明确表示支持；中国政府在国际法院"查戈斯群岛咨询意见案"咨询程序中提交的书面意见明确表示，中国始终坚定支持联合国非殖民化进程，充分理解和支持毛里求斯在非殖民化问题上的正当合理诉求。中国政府的这一意见得到了包括毛里求斯在内的广大发展中国家的赞赏。对于中国政府提出的推进"一带一路"建设、构建人类命运共同体以及构建新型国际关系的主张，非洲国家也给予了积极回应和大力支持。例如，2018年9月初在北京召开的中非合作论坛北京峰会上，当习近平主席在峰会开幕式上明确宣布要将"一带一路"建设同落实非盟《2063年议程》、联合国2030年可持续发展议程以及非洲各国的发展战略相互对接后,就有37个非洲国家和非盟与中国签署共建"一带一路"合作谅解备忘录。在此次峰会开幕式上,习近平主席还强调中国愿同非洲国家携手打造"责任共担""合作共赢""幸福共享""安全共筑""文化共兴""和谐共生"的更加紧密的中非命运共同体。随后中国就和参加峰会的53个非洲国家和非盟在协商一致的基础上通过了《关于构建更加紧密的中非命运共同体的北京宣言》。

中国是最大的发展中国家,非洲是发展中国家最集中的大陆。在新的国际环境下,中国和非洲国家加强双边法制合作有利于维护以联合国为核心、以国际法为基础的国际体系,推动国际规则的改革和完善,为全球治理作出新的贡献。当今世界正经历百年未有之大变局。单边主义、贸易保护主义和霸凌行径明显抬头,多边主义和经济全球化遭遇逆流,国际法的权威和国际秩序受到冲击。在这种情况下,中国和非洲国家应加强双边和多边合作,推动国际法得到切实遵守,国际法的核心价值得到维护。在具体的国际规则的制定中,中国和非洲国家可以在双边和多边合作的基础上,反映发展中国家的呼声,争取更多的发言权。例如,在WTO改革、解决投资争端国际中心争端解决机制改革、保护生物多样性、应对气候变化、网络空间治理等领域,中国和非洲国家可以携手发挥更大的作用。

第二章 中非双边法制合作的现状及不足

本章将分别以中非双边投资保护条约、中非双边民商事和刑事司法协助条约、中非避免双重征税条约为例,来说明中国和非洲国家开展双边法制合作的现状,并通过对上述双边法律框架的分析,揭示中国和非洲国家目前在双边法制合作中存在的不足,以便在第三章中提出有针对性的完善建议。

第一节 中非双边投资保护条约

双边投资保护条约在解决投资纠纷中发挥重要作用。双边投资保护条约一般都会对"投资""投资者"作出界定,并规定了投资所享受的待遇,如国民待遇、最惠国待遇、非歧视待遇、公平公正待遇等。同时,双边投资条约还对征收、征收补偿、征收争议解决以及投资争议解决作出具体规定。本节将具体分析中非双边投资保护条约的现状、存在的问题及可能发展。

一 中非双边投资条约现状与比较

1989年10月12日中国与加纳签署了双边投资条约,这是中国与非洲国家签订的第一个双边投资保护条约。截至目前,中国与非洲国家共签署双边投资保护条约34个,占中国签署的双边投资保护条约总数的23.8%(34/143),其中已生效的中非双边投资保护条约数量为18个,占中国已生效的双边投资保护条约总数的17.3%(18/104)。[①] 中非之间已经生效的双边投资保护条约分别是中国同加纳、埃及、摩洛哥、毛里求斯、津巴布韦、阿尔及利亚、加蓬、尼日利亚、苏丹、南非、佛得角、埃塞俄比亚、突尼斯、赤道几内亚、马达加斯加、马里、坦桑尼亚和刚果(布)签署的。已签署但尚未生效的16个双边投资保护条约分别是中国同下列非洲国家签订的:赞比亚、喀麦隆、刚果(金)、博茨瓦纳、塞拉利昂、莫桑比克、肯尼亚、科特迪瓦、吉布提、贝宁、乌干达、纳米比亚、几内亚、塞舌尔、乍得和利比亚。中国同非洲国家签订的双边投资保护条约的具体情况如下(表2-1):

表2-1　　　　中国同非洲国家签订的双边投资保护条约

序号	国家	签署日期	生效日期
1	阿尔及利亚	1996年10月17日	2003年1月28日
2	贝宁	2004年2月18日	未生效
3	博茨瓦纳	2000年6月12日	未生效
4	佛得角	1998年4月21日	2001年10月1日
5	乍得	2010年4月26日	未生效
6	刚果(布)	2000年3月20日	2015年7月1日
7	刚果(金)	2011年8月11日	未生效
8	科特迪瓦	2002年9月23日	未生效
9	吉布提	2003年8月18日	未生效
10	埃及	1994年4月21日	1996年4月1日

---

① 以上数据是笔者综合中华人民共和国商务部条约法律司(http：//tfs. mofcom. gov. cn/article/Nocategory/201111/20111107819474. shtml)和联合国贸发会网站(https：//investmentpolicy. unctad. org/international-investment-agreements/countries/42/china)上的信息统计而来。

续表

序号	国家	签署日期	生效日期
11	赤道几内亚	2005年10月20日	2006年11月15日
12	埃塞俄比亚	1998年5月11日	2000年5月1日
13	加蓬	1997年5月9日	2009年2月16日
14	加纳	1989年10月12日	1990年11月22日
15	几内亚	2005年11月18日	未生效
16	肯尼亚	2001年7月16日	未生效
17	利比亚	2010年8月4日	未生效
18	马达加斯加	2005年11月21日	2007年7月1日
19	马里	2009年2月12日	2009年7月16日
20	毛里求斯	1996年5月4日	1997年6月8日
21	摩洛哥	1995年3月27日	1999年11月27日
22	莫桑比克	2001年7月10日	未生效
23	纳米比亚	2005年11月17日	未生效
24	尼日利亚	2001年8月27日	2010年2月18日
25	塞舌尔	2007年2月10日	未生效
26	塞拉利昂	2001年5月16日	未生效
27	南非	1997年12月30日	1998年4月1日
28	苏丹	1997年5月30日	1998年7月1日
29	突尼斯	2004年6月21日	2006年7月1日
30	乌干达	2004年5月27日	未生效
31	赞比亚	1996年6月21日	未生效
32	津巴布韦	1996年5月21日	1998年3月1日
33	坦桑尼亚	2013年3月24日	2014年4月17日
34	喀麦隆	1997年9月10日	未生效

从上表可以清楚看出，中非之间签订的双边投资条约时间跨度比较大，涵盖了三代条约类型。其中，中非之间的第一代双边投资条约（即1982—1989年）只有1个，即中国和加纳签

订的双边投资保护条约；中非之间第二代双边投资保护条约（1990—1997年）共有10个；中非之间第三代双边投资保护条约（1998年至今）共有23个。

如果以2000年10月首届中非合作论坛部长级会议召开的时间来对中非双边投资条约进行分析，可以看出，在2000年10月以前，中非签署双边投资保护条约有15个，在2000年10月以后签署的双边投资保护条约有19个。从数量上看，首届中非合作论坛部长级会议召开后，中非签署的双边投资保护条约的数量多于此前签署的所有中非双边投资条约数量的总和。这也许是因为历届中非合作论坛部长级会议通过的官方文件都认识到双边投资保护条约在促进和保护投资方面的重要性，并且鼓励双边签署更多的双边投资保护条约。

例如，2000年10月中非合作论坛部长级会议通过的《中非经济和社会发展合作纲领》第3.2条规定："部长们同意就以下问题制定适宜的法律框架：3.2.1 促进贸易和增强能力；3.2.2 鼓励、保护和保障投资……"2003年12月第二届中非合作论坛部长级会议通过的《亚的斯亚贝巴行动计划（2004—2006年）》第4.4.3项"鼓励非洲各国同中国签署双边投资保护协定和避免双重征税协定"；2006年11月第三届中非合作论坛部长级会议通过的《北京行动计划（2007—2009年）》第3.2.2项指出："推动商签并落实双边促进和保护投资协定、避免双重征税协定，营造良好的投资合作环境，保护双方投资者的合法权益。"根据2009年11月第四届中非合作论坛部长级会议通过的《沙姆沙伊赫行动计划（2010—2012年）》第4.2.2项规定，中非双方将"继续推动商签和落实双边促进和保护投资协定，营造良好投资环境，加大相互投资力度"。2012年7月第五届中非合作论坛部长级会议通过的《北京行动计划（2013—2015年）》再次强调，中非双方"继续推动商签和落实双边促进和保护投资协定，营造良好投资环境，保护双方投资者的合法权益"。

但是通过对表2-1仔细分析，可以发现另一个问题，虽然2000年10月以后中非签署的双边投资保护条约的数量多于此前中非签署的双边投资保护条约的数量，但是在16个未生效的中非双边投资保护条约中，有13个是在2000年10月以后签署的。换句话讲，在2000年10月以后签署的19个中非双边投资保护条约中，只有6个是生效的，而此前签署的15个双边投资保护条约中有12个已经生效。这就让人疑惑：2000年10月首届中非合作论坛部长级会议召开后，中非双方都认识到双边投资保护条约的重要性，并鼓励中非双方签署更多的双边投资保护条约。在中非双方积极签署双边投资保护条约后，为什么没有积极落实条约生效？特别是考虑到2000年10月中非合作论坛设立后，中国对非投资大幅增加，中非双边投资保护条约的重要性更为凸显。

非洲目前是中国海外第二大工程承包市场和重要的投资目的地，截至2017年年底，中国在非洲投资的企业有3400多家。中国在非洲投资主要集中在一些资源比较丰富的非洲国家，如阿尔及利亚、尼日利亚、南非、苏丹、埃塞俄比亚、安哥拉、刚果（金）等。但从表2-1可以看出，中国仅同几个投资较多的非洲国家签订的双边投资保护条约已经生效，如中国同苏丹、尼日利亚、南非签订的双边投资保护条约，其他接收中国投资较多的非洲国家如赞比亚、安哥拉、刚果（金）、南苏丹等尚未同中国签署双边投资保护条约或虽已签署此类条约但尚未生效。这不仅会削弱中国投资者在这些非洲国家投资的信心，而且在投资后如果发生争议将不利于中国投资者利益的保护。[①] 如前所述，虽然历届中非合作论坛部长级会议通过的行

---

① Weidong ZHU, "Creating a Favorable Legal Environment for the Sustainable Development of China-African Business Relations", *Tydskrif Vir Die Suid-Afrikaanse Reg*, No. 2, 2014；朱伟东：《非洲涉外民商事纠纷的多元化解决机制研究》，湘潭大学出版社2013年版，第389页。

动计划都表示要推动并鼓励中非双方签订更多的双边投资保护条约,但中非双方签署的双边投资保护条约仍然有限,特别是很多双边投资保护条约签署后并没有生效。中非之间实际生效的双边投资保护条约只有18个,而目前中国在非投资已涵盖了非洲52个国家,中非在为相互投资创造有利的法律框架方面仍然任重道远。中国国家领导人已经认识到与非洲国家签署此类条约的重要性,并尽力推动非洲国家与中国签署此类条约。例如,李克强总理在2014年5月10日访问安哥拉与安哥拉总统多斯桑托斯会谈时,希望中安之间能尽快签署双边投资保护条约。①

根据安永会计师事务所在2018年10月29日发布的报告,中国2017年对非直接投资的总量排在第4位,前三名分别是美国、英国、法国,排在第5—10名的分别是德国、瑞士、南非、荷兰、阿联酋和意大利。② 其他对非投资较多的发展中国家还有印度、马来西亚、巴西等。分析这些发达国家和发展中国家同非洲国家签署双边投资保护条约的情况,可能更有利于了解中非双边投资保护条约的现状。从发达国家的情况来看,为了保护本国投资者,发达国家很重视同一些发展中国家签署双边投资保护条约,它们同非洲国家签订的已生效的双边投资保护条约的数量与该国已生效的双边投资保护条约的数量的比例都高于中国同非洲国家这一数量的比例。例如,德国已生效的双边投资保护条约的总数为126个,其中同非洲国家已生效的双边投资保护条约的数量为42个,比例为33.3%,在美国这一比例为22.5%(9/40),在英国这一比例为19.6%(18/92),在法

---

① 中非合作论坛网:http://www.focac.org/chn/zt/1_1/t1154600.htm,2019年8月23日。

② Ecofin Agency 网:https://www.ecofinagency.com/public-management/0111-39186-ernest-young-unveils-top-10-foreign-investors-in-africa-in-2017,2019年9月15日。

国这一比例为 17.6%（16/91）①，均高于中非已生效条约与中国已生效条约总数的比例（17.3%）。这很清楚地说明了对非投资较多的发达国家十分重视同非洲国家签订双边投资保护条约，以更好地保护它们在非洲国家的投资。

相反，对非投资较多的发展中国家同非洲国家签订的已生效双边投资保护条约的数量在它们已生效的条约总数中所占的比重均很低，与中国的情况极其相似。例如，在南非这一比例为 30.8%（4/13），在马来西亚这一比例为 13%（7/54），在印度这一比例为 15%（3/20），在阿联酋这一比例为 18%（9/50），在巴西这一比例为 100%（1/1）。② 与前几年笔者就此所做的统计相比，这些比例得到很大提高。这是因为南非和印度这几年终止了很多与其他国家特别是发达国家签订的双边投资保护条约，导致比例上升。在巴西签署的 25 个双边投资保护条约中，只有与安哥拉签订的双边投资保护条约在 2017 年 7 月 28 日生效，所以这一比例为 100%。这在一定程度上也表明，随着对非投资的增加，这些新兴经济体有利于重视与非洲国家之间的双边投资保护条约，以便为本国在非洲的投资提供相应的保障。这些发展中国家与中国另一极其相似的情况是，它们同非洲国家签署的双边投资保护条约的数量并不少，但实际生效的条约数量很少。例如，印度同非洲国家签署有 13 个双边投资保护条约，但生效的只有 3 个；南非同其他非洲国家签署有 23 个双边投资保护条约，但生效的只有 4 个；马来西亚同非洲国家签署有 14 个双边投资保护条约，但生效的只有 6 个；阿联酋同非洲国家签署有 26 个双边投资保护条约，但生效的只有 9 个；巴西同非洲国家签署有 5 个双边投资保护条约，但生效的只有

---

① 这些数据是笔者根据联合国贸发会议网上的信息整理而成。
② 根据联合国贸发会网站上 2019 年 9 月 23 日的信息统计而成。

1个。①

从本部分的分析来看,与对非投资较多的发达国家相比,中国与非洲国家签订的已生效双边投资保护条约的数量在中国已生效双边投资保护条约总数中所占的比重还比较小。2000年10月中非合作论坛建立后,历届中非合作论坛部长级会议通过的行动计划都强调要鼓励并推动中非双方签订更多的双边投资保护条约,以便为中非之间的相互投资创造良好的法律环境。虽然2000年后中非签订的双边投资保护条约的数量有所增加,但生效的双边投资保护条约的数量极其有限,甚至还低于中非合作论坛建立前已生效的中非双边投资保护条约的数量。另外,接收中国投资较多的一些非洲国家如安哥拉、赞比亚、刚果(金)、南苏丹等尚未同中国缔结双边投资保护条约或虽已缔结此类条约但尚未生效。考虑到中非之间产生的投资争议越来越多,中国有关部门特别是商务部条法司等专门负责签订双边投资保护条约的部门应积极主动同非洲国家谈判、签订双边投资保护条约,并积极落实已签署的双边投资保护条约尽快生效。只有通过设立良好的投资法律环境,才能使中非投资持续、健康发展。

此外,从现有的中非之间的双边投资保护条约的内容来看,还存在规定陈旧、界定不明、相关条款缺失等问题。本文第二部分将在中非之间现有生效的双边投资保护条约文本的基础上,结合其他国家的双边投资保护条约以及国际上有关投资的一些法律文件的规定,对这些问题作出具体分析。

二 中非现有双边投资条约存在的具体问题分析②

从中国与非洲国家已生效的18个双边投资保护条约来看,

---

① 这些数据是笔者根据联合国贸发会议网上的信息整理而成。
② 本部分内容可参见朱伟东《中非双边投资条约存在的问题及完善》,《非洲研究》2015年第1卷。

它们有两种不同的名称:"相互促进和保护投资协定"以及"相互鼓励和保护投资协定"。中国和尼日利亚、马里、赤道几内亚、马达加斯加、加蓬、毛里求斯签订的双边投资保护条约都采用了前一名称,而中国同突尼斯、加纳、摩洛哥、津巴布韦、苏丹、阿尔及利亚、埃塞俄比亚、佛得角、埃及、南非签订的双边投资保护条约都采用了后一名称。无论采用哪一名称,这些条约的内容都包含了以下内容:序言、定义、促进和保护投资、投资待遇、征收、损害与损失赔偿、资本转移、代位、缔约双方间争议解决、缔约一方投资者与缔约另一方投资争议解决,以及有关条约其他附带事项如条约的适用、生效、修改等。① 本部分将主要分析中非双边投资保护条约在条约序言、投资及投资者的界定、征收及补偿以及争议解决等方面存在的不足,这几个方面在双边投资保护条约中有重要的地位和作用,很多国际投资争议都是围绕这几个方面产生的。

(一)条约序言

各国签订的双边投资保护条约几乎都含有序言部分,中国同非洲国家签订的双边投资保护条约也不例外。投资条约序言部分一般会阐明签订投资条约的目的,以及缔约双方的权利与义务等。条约目的对于条约的解释和适用具有十分重要的意义,例如,《维也纳条约法公约》第 31 条就规定,在解释条约时,"应依其用语按其上下文并参照条约目的及宗旨所具有之通常意义善意解释"②。在解决投资争议国际中心(ICSID)所受理许多仲裁案件中,仲裁庭就是根据投资条约的序言来对条约中含糊之处进行解释的。③

---

① 朱伟东:《中非双边投资条约存在的问题及完善》,《非洲研究》2015 年第 1 卷。
② 《维也纳条约法公约》第 31 条。
③ Rudolf Dolzer & Christoph Schreuer, *Principles of International Investment Law*, p. 32.

投资条约序言部分的内容随时间的不同而有所改变，一般都会反映当时人们对待投资的态度和看法。中国和非洲国家签订的双边投资保护条约虽然可以按照上面所提到的学者的分法分为三代，但每一代双边投资保护条约的序言部分并不是一成不变的，即使同一代的双边投资保护条约的内容也不同。根据笔者的统计，在16个已生效的中非双边投资保护条约中，中国与加蓬、摩洛哥、突尼斯、赤道几内亚、津巴布韦、苏丹、阿尔及利亚、埃塞俄比亚、佛得角、埃及、毛里求斯和南非12个非洲国家之间的双边投资保护条约的措辞基本是一样的，它们所采用的措辞是："中华人民共和国政府和×××政府（以下简称'缔约方'），愿为缔约一方的投资者在缔约另一方领土内的投资创造有利条件，认识到相互鼓励、促进和保护这种投资将有助于促进投资者的商业积极性和增进缔约双方的繁荣，愿在平等互利原则的基础上，加强两国的经济合作，达成协议如下……"

而中国同加纳、尼日利亚、马达加斯加和马里4个非洲国家之间的双边投资保护条约的序言又各有不同。例如，中国在1989年10月12日与加纳签订的第一个中非之间的投资保护条约的序言是这样的："中华人民共和国政府和加纳共和国政府，为发展两国的经济合作，愿在相互尊重主权和平等互利基础上，鼓励和保护缔约国一方的投资者在缔约国另一方领土内的投资，并为之创造良好的条件，达成协议如下……"① 该序言的内容过于简单，而且与上述12个投资条约一样只是强调投资者所享有的权利，没有强调投资者的义务。中国与尼日利亚在2001年重新签订的投资保护条约的序言规定了投资者尊重东道国主权和

---

① 《中国和加纳双边投资保护协定》"序言"。

法律的义务。① 中国与马达加斯加在 2005 年签订的双边投资保护条约的序言纳入了促进资金和技术往来的内容。② 而中国与马里在 2009 年签订的双边投资保护条约的序言在所有已生效的中非双边投资保护条约中是最长、内容最多的一个，它不但规定了资金和技术转移的内容，还规定了有关投资准入和设立的法律的认可。③

从上述已生效的中非双边投资保护条约的序言可以看出，无论是中非较早签订的还是最新签订的投资保护条约的序言都沿袭了传统的双边投资保护条约的内容，即内容比较简单，只是强调投资东道国保护外国投资者的义务而没有强调投资者尊重东道国法律及其他方面的义务。此外，此类传统的双边投资保护条约没有将劳工标准、环境保护、健康福利等方面的内容纳入其中。因此，这种传统的双边投资保护条约的做法近来开

---

① 该序言是这样的："中华人民共和国政府和尼日利亚联邦共和国政府（以下简称'缔约双方'），认识到相互鼓励、促进和保护投资将有助于激励投资者经营的积极性和增进两国繁荣，承认投资者有义务尊重东道国主权和法律，愿在平等互利原则的基础上，加强两国间的合作，决定为缔约一方的投资者在缔约另一方领土内扩大投资创造有利条件，达成协议如下……"

② 该序言是这样的："中华人民共和国政府和马达加斯加政府（以下简称'缔约双方'），为加强经济关系，尤其是中国在马达加斯加的投资和马达加斯加在中国的投资，认识到签订鼓励和保护此类投资的协定，将促进两国投资者的积极性以及资金和技术的往来，达成一致协议如下……"

③ 该序言是这样的："中华人民共和国政府和马里共和国政府（以下简称'缔约双方'），愿为缔约一方的投资者在缔约另一方领土内的投资创造有利条件，认识到在平等互利基础上相互鼓励、促进和保护投资将有助于激励投资者经营的积极性和增进两国繁荣，深信对此类投资的促进和保护将促进缔约双方间为了经济发展而进行资金和技术的转移，认同缔约任何一方有权制定与其领土内投资的准入和设立有关的法律，达成协议如下……"

始遭到一些发展中国家特别是资本输入国政府和学者的批评和抵制。从中非之间投资的实际情况来看,中国有大部分投资输往非洲国家,而非洲国家仅有少量投资输入中国,中非双边投资保护条约的序言显然有利于保护在非洲的中国投资者。但从长远来看,这种规定不利于中非之间投资的可持续发展。[1] 有学者对中非双边投资保护条约序言的规定提出批评,认为中非之间双边投资保护条约有关序言的规定没有认识到中非经济发展的差异,不可能给缔约双方之间实现真正的平等互利,而且此类条约没有将一些重要的发展政策目标纳入其中,如环境保护、可持续发展等。[2]

近年来一些国家签订的双边投资保护条约序言开始将健康安全、环境保护、劳工标准等纳入其中。例如,韩国与特立尼达和多巴哥在2002年签订的双边投资保护条约的序言明确指出,"应在不放松普遍适用的健康、安全和环境措施的情况下"实现为投资创造良好环境的目标。美国与卢旺达在2008年签订的双边投资保护条约序言也规定,缔约方"应通过与保护健康、安全和环境以及改善国际公认的劳工权利的相一致的方式"实现条约目标。根据《世界投资报告2013》的统计,在2012年签订的17个可以找到条约文本的投资条约中,有12个投资保护条约的序言提到健康安全、劳工权利和环境的保护或可持续发展。[3] 还有一些国家和地区性组织在它们起草的投资条约模板中也纳入了上述内容,如美国2012年的《双边投资保护条约

---

[1] 朱伟东:《中非双边投资条约存在的问题及完善》,《非洲研究》2015年第1卷。

[2] Uche Ewelukwa Ofodile, "Africa-China Bilateral Investment Treaties: A Critique", *Michigan Journal of International Law*, Vol. 35, No. 1, 2013, pp. 192 – 193.

[3] World Investment Report 2013, p. 102.

模板》① 以及南部非洲发展共同体在 2012 年 7 月通过的《南共体双边投资保护条约模板》。② 非盟委员会在 2016 年通过的《泛非投资法草案》(Pan African Investment Code Draft) 对贪腐、企业社会责任、商业伦理和人权事项、劳工问题、环境保护等做了更为详尽的规定。非盟委员会制定该投资法草案的目的是希望非洲国家或非洲地区性组织在制定投资法时，直接采用该范本或将其内容纳入到将要制定的投资法中。

(二) 条约中"投资"的界定

"投资"的界定是双边投资保护条约中最有争议、最为复杂的问题之一。各国之间的双边投资保护条约一般都规定，投资争议可提交国际仲裁解决。而解决投资争议国际中心（ICSID）管辖权也仅限于受理"直接产生于投资的法律争议"③。可见，是否是投资争议将决定着投资仲裁的管辖权。在仲裁实践中，围绕"投资"的定义产生的争议屡见不鲜。ICSID 作为世界上最重要的解决投资争议的机构，但设立该机构的《华盛顿公约》并没有对"投资"进行界定。为判断是否存在一项"投资"从而确定自己对案件有无管辖权，在以往的仲裁实践中，ICSID 仲裁庭采用了"双重标准"，即该投资必须符合《华盛顿公约》和相关双边投资保护条约的范围，才能被认定为是"投资"。④ 在 Salini v

---

① 美国 2012 年《双边投资保护条约模板》序言第 6 段规定："（缔约双方）希望通过与保护健康、安全和环境以及改善国际公认的劳工权利相一致的方式实现这些目标。"

② 2012 年《南共体双边投资保护条约模板》序言第 2 段规定："认识到投资能够给缔约方的可持续发展带来的重要贡献，包括减少贫困、提供生产能力、促进经济发展、促进技术转让、改善人权、促进人的发展。"

③ 《华盛顿公约》第 25 条第 1 款。

④ CSOB v Slovak Republic, Decision on Jurisdiction, 24 May 1999, 14 ICSID Rev-FILJ (1999) 251; Malaysian Historical Salvors v Malaysia, Award on Jurisdiction, 17 May 2007.

Morocco 案①中,仲裁庭明确确立了构成一项投资的四个要素:一定的投入、一定的持续期间、一定的风险以及对东道国经济发展的贡献("Salini 标准")。Salini 标准只是判断是否存在一项"投资"的客观的、概括的标准,但对于某一外国投资者在投资东道国的某一具体项目或行为是否构成一项"投资",是否属于外国投资者本国与投资东道国之间的双边投资保护条约的保护对象,还必须援引该条约中有关"投资"的具体的界定。所以,双边投资保护条约对"投资"的界定就极为重要,它也成为投资者本国政府和投资东道国政府进行投资保护条约谈判的一个重要议题。投资者本国政府总是希望将"投资"的范围扩大,以便更好地保护本国投资者,而投资东道国政府则希望极力缩小"投资"的范围,使"投资"明确、具体,以便将更多争议纳入本国法院或仲裁机构的管辖范围。这样,双边投资保护条约最终确定的"投资"定义就是缔约双方政府不断平衡、博弈的结果。②

在 ICSID 所受理的大量涉及非洲国家的投资争议案件中,有很多涉及"投资"定义,其中 Salini v Morocco 案还确立了构成"投资"的四个要素。③ 虽然目前尚未有中非之间的投资争议被提交给 ICSID 解决,但以后随着中非投资的进一步发展,必然会出现中非投资争议被提交国际仲裁的情况。为了避免因"投资"的界定而影响仲裁庭的管辖权,中非双边投资保护条约必须对此作出明确的规定。④

---

① Salini v Morocco, Decision on Jurisdiction, 23 July 2001.
② 朱伟东:《中非双边投资条约存在的问题及完善》,《非洲研究》2015 年第 1 卷。
③ E. g, Salini, Decision on Jurisdiction, 23 July 2001; LESI/Dipenta, Decision on Jurisdiction, 12 July, 2006; Mitchell, Decision on Annulment, 1 November 2006; Joy Mining, Award, 6 August, 2004.
④ 朱伟东:《中非双边投资条约存在的问题及完善》,《非洲研究》2015 年第 1 卷。

综合世界各国签订的双边投资保护条约来看,对"投资"进行界定主要有三种方式:一是以企业为基础的方式(enterprise-based approach),即将在投资东道国设立或购并的企业以及与企业相关的财产或权利视为投资。这种方式确定的投资范围最为有限,对投资东道国最具有确定性。① 二是以财产为基础的、穷尽式清单方式(exhaustive asset-based approach)。加拿大2004年双边投资条约模板就采用了这种方式。这种方式所界定的投资包含了以企业为基础的方法界定的投资,同时还纳入了包括知识产权在内的其他财产。这种方式确定的"投资"范围比以企业为基础的方法确定的投资范围更为广泛,但也具有确定性,因为它采用了穷尽式列举清单将所有种类的投资都清楚列举出来。② 三是以财产为基础的、非穷尽式清单方式(non-exhaustive asset-based approach)。这种方式几乎把所有种类的财产都可纳入到"投资"范围,因此,这种方式对投资者最为有利,但对投资东道国却最具不确定性。美国与其他国家签订的双边投资保护条约通常都采用了最后一种方式。③

从中非双边投资保护条约中有关"投资"的定义来看,它们在对"投资"进行界定时都采用了概括性规定和以财产为基础的、非穷尽式清单方式。在概括性规定中,中非双边投资保护条约都强调投资应遵守投资东道国的法律、法规。在非穷尽式列举清单中,它们都明确将下列财产视为"投资":财产权利、股权、债权、知识产权和特许权。在已生效的中非双边投资保护条约中,有3个条约即中国同佛得角、埃塞俄比亚和苏丹签订的双边投资保护条约对"投资"采用了一样的界定,而中国同马里、马达加斯加、赤道几内亚、突尼斯、摩洛哥、加

---

① Southern Africa Development Community, SADC Model Bilateral Investment Treaty Template with Commentary, 2012, p. 9.

② Ibid., pp. 9 – 10.

③ Ibid., pp. 10 – 11.

蓬和坦桑尼亚签订的双边投资保护条约在对"投资"进行界定后，还规定作为投资的财产发生任何形式上的变化，不应影响其作为投资的性质。这些规定对中国在非投资十分有利。

然而，从中非现已生效的 18 个双边投资条约有关"投资"的定义来看还存在很多问题。第一，中非双边投资保护条约有关"投资"的概括性规定只是强调投资应遵守投资东道国的法律，但并没有具体强调构成一项投资的具体特征或具体要素。第二，虽然中非双边投资保护条约都包含了上面提到的五类财产，但对每一类财产的规定却各不相同，特别是有关财产权利和知识产权的规定差异甚大，容易产生不确定性。第三，对债券和债权的规定没有考虑到其他不具有投资特征的票据或金钱请求权，如用于货物买卖的信用证或因国际货物贸易产生的金钱请求权等。第四，中非现有的双边投资保护条约没有考虑到中国对非投资的特殊性，没有将一些投资形式纳入投资范围。例如，中国对非投资中有很多对非企业的贷款，另外，中国企业也越来越参与到非洲的金融投资，出现了一些新类型的权利，如期货、期权和其他衍生权利等。第五，考虑到目前中国有3400 多家企业在非洲国家投资，它们或通过在当地设立企业或通过设立分支机构进行投资，可考虑在将来的中非双边投资保护条约中将"法律实体"这一被许多双边投资保护条约采用的概念纳入到投资的范围。第六，虽然中非双边投资保护条约都规定"投资"是指缔约一方投资者依照缔约另一方的法律、法规在缔约另一方领土内所投入的各种财产，但何谓"领土"，有的条约并没有给予明确的规定，如中国同津巴布韦、加纳、赤道几内亚、埃及和佛得角之间的双边投资保护条约，这不知是否是出于双方谈判者的疏忽。[①]

---

① 朱伟东：《中非双边投资条约存在的问题及完善》，《非洲研究》2015 年第 1 卷。

(三) 条约中"投资者"的界定

在双边投资保护条约中,"投资者"通常是指来自缔约另一方的自然人或法人。投资者具有另一缔约方的国籍也是 ICSID 受理投资争议的必要条件。这样,判断投资者的国籍就成为判断投资者是否是合格投资者的重要标准。国际上的投资者主要有自然人和法人,认定两者国籍的标准各不相同。① 对于声称具有某一缔约国国籍的自然人,只要根据该国国籍法判断他有无该国国籍即可。而对于法人国籍的判断,不同的双边投资保护条约规定了不同的标准,例如,有的采用注册地标准,有的采用主要营业地或管理中心地标准,有的采用准据法标准,还有的采用混合标准。此外,在判断法人国籍时,有的双边投资保护条约还采用了控制或所有标准,即由某一缔约国的投资者所控制或拥有的法人,可视为具有该缔约国国籍。②

中非之间已生效的 18 个双边投资保护条约对作为投资者的自然人的国籍的认定都采用了相同的规定,即根据缔约另一方的法律,具有其国籍的自然人。但对于自然人国籍认定中的一些特殊问题,如双重或多重国籍、认定国籍的日期等,这些条约都没有作出相应的规定。考虑到中国不承认双重国籍,且目前主要是中国人在非洲国家投资,中非双边投资保护条约对这种双重国籍的情况没有作出相应规定,也不会产生太多问题。另外,为了防止具有缔约另一方国籍而没有在该国经常居住的自然人利用该国与投资东道国签订的双边投资保护条约的好处,有的双边投资保护条约还特别强调来自缔约另一方的自然人投资者必须在该国有经常居所。中非双边投资保护条约也都没有

---

① 朱伟东:《中非双边投资条约存在的问题及完善》,《非洲研究》2015 年第 1 卷。

② 关于投资者国籍的认定,参见 Rudolf Dolzer & Christoph Schreuer, op. cit., pp. 47-53。

对此问题作出相应规定。①

对于法人的国籍的确定,中非双边投资保护条约主要采用了三种标准:一是缔约双方根据法人据以设立的法律和法规来判断法人的国籍。中国同突尼斯、毛里求斯、阿尔及利亚和南非签订的双边投资保护条约都采用了这一标准。根据这一标准,"投资者"是指依照缔约一方法律、法规设立的经济实体、公司、商号、社团等。二是缔约双方结合法人据以成立的法律以及法人的住所地确定法人的国籍。② 中国同马里、赤道几内亚、埃及、佛得角、埃塞俄比亚、苏丹、加蓬、摩洛哥、尼日利亚和马达加斯加签订的双边投资保护条约都采用了这一标准,例如,中国—埃塞俄比亚双边投资保护条约就规定"'投资者'在缔约任何一方是指依照缔约任何一方法律设立或组成,其住所在该缔约方领土内的经济实体"。三是缔约双方对"投资者"国籍采用不同的确定标准。中国同加纳和津巴布韦签订的双边投资保护条约就采用了这样的标准。例如,中国同津巴布韦签订的双边投资保护条约规定:"'投资者'一词在津巴布韦共和国方面,系指(一)依照津巴布韦的现行法律设立或组成,其主要营业地在津巴布韦的公司、商号和组织;在中华人民共和国方面系指(二)依照中华人民共和国法律设立,其住所在中华人民共和国领土内的经济组织。"③ 可见,中非双边投资保护条约对于确定法人投资者的国籍所采用的标准还不统一。此外,中非之间的双边投资保护条约也没有对挑选条约(treaty shopping)的现象作出规定。

(四)条约中的"征收与补偿"条款

征收(expropriation)或国有化(nationalization)是对外国

---

① 朱伟东:《中非双边投资条约存在的问题及完善》,《非洲研究》2015 年第 1 卷。

② 同上。

③ 同上。

投资者的财产进行的最为严重的干涉形式。在投资被征收或国有化而没有给予充分补偿时，投资者的所有期望就会落空。因此，有关征收或国有化的国际法规则一直受到投资者的关注。①

从国际法的角度来看，征收或国有化是属地主权的一种表现，国际习惯法承认投资东道国有对外国投资者的投资进行征收或国有化的权利，但另一方面，为了保护外国投资者的利益，国际法也对东道国进行征收或国有化限定了一定的条件，如必须是为了公共利益、必须符合法律程序、必须给予相应的补偿等。作为国际投资法的重要法律渊源，各国签订的双边投资保护条约基本上都会对征收或国有化的条件和后果作出相应的规定。中国和非洲现已生效的18个双边投资保护条约也都对征收的条件和后果做了规定，但这些规定极不统一，有的条约还存在相关规定不严谨或缺失的情况，将不利于中国在非投资的保护。

通过对中非现有生效的18个双边投资保护条约有关征收的规定进行分析可以看出，它们对征收基本上都规定了相同的条件，即只有在为了公共利益，依照法律程序，不具有歧视性且给予补偿的情况下，才可对外国投资者的财产进行征收、国有化或其他类似措施。这一条件与国际习惯法中有关征收的条件以及其他国家双边投资保护条约中有关征收的条件是一致的。

但中非现有18个双边投资保护条约虽然都对征收的条件作了详细的规定，但它们对"征收"一词都没有进行更为细致的规定。征收包括直接征收和间接征收。直接征收是指投资东道国政府直接收回投资的所有权，而间接征收是指投资东道国政府并没有直接收回投资的所有权，而是通过一定的措施使投资

---

① Rudolf Dolzer & Christoph Schreuer, op. cit., p. 89.

者失去对投资的控制、使用和收益。① 现在投资东道国政府很少采取直接征收的形式,以免在国际上造成不良影响,从而影响本国的投资环境,而更愿意采用间接征收的形式,这样它就可否认进行了征收,从而避免承担赔偿的责任。② 国际投资法实践中有很多案例涉及间接征收的认定问题,其中许多案件中的一方当事人是非洲国家。在中非现有的 18 个双边投资保护条约中,除中国和摩洛哥③、中国和南非④的双边投资保护条约中对间接征收采用了"效果原则"外,其他 16 个双边投资保护条约只是简单地将"其他类似措施"视同为间接征收。这种不一致的规定会影响对间接征收的认定。

  当投资被东道国政府征收后,就涉及征收补偿的问题。征收补偿问题是国际投资法领域中一个极具争议的问题,投资东道国政府和外国投资者经常为征收补偿的标准进行激烈的斗争。目前,在征收补偿标准上主要有三种不同的理论主张。一种是曾任美国国务卿的赫尔在 1938 年提出的"赫尔规则",该规则主张征收补偿应"充分、及时、有效"(adequate, prompt and effective);一种是适当补偿原则,该原则是 1947 年 12 月联合国第 29 届大会通过的《各国经济权利和义务宪章》所明确规定的,该原则主张投资东道国政府在对外资进行国有化或征收时,应给予外国投资者适当的补偿;最后一种是不予补偿原则,苏

---

  ① 朱伟东:《中非双边投资条约存在的问题及完善》,《非洲研究》2015 年第 1 卷。

  ② Rudolf Dolzer & Christoph Schreuer, op. cit., p. 90.

  ③ 《中国—摩洛哥双边投资保护条约》第四条第一款规定:"缔约一方当局对缔约另一方投资者进行的投资所采取的国有化、征收或其他任何具有同样效果或同样性质的措施,均应满足下列条件……"

  ④ 《中国—南非双边投资保护条约》第四条第一款规定:"除非为了公共目的,依照国内法律程序,在非歧视性基础上并给予补偿,缔约一方投资者在缔约另一方领域内的投资不应被国有化、征收或受到其效果等同于国有化或征收措施的影响……"

联、东欧和拉美一些国家曾主张该原则。中国学者大都主张对征收补偿标准采用第二种原则，但从中国与其他国家签订的双边投资保护条约的规定来看，所采用的补偿标准与赫尔原则十分相似，即对被征收的投资给予充分、及时、有效的补偿。① 根据世界银行《外国直接投资待遇指南》，如果补偿是基于征收发生或征收决定被公众所知前一刻被征收财产的公正市场价值作出，该补偿就是充分的。所谓及时，就是补偿应尽快作出，不得无故推迟；而所谓有效，是指补偿款项应以可兑换货币作出，并可自由转移。从上述三个标准分析，中非现有的 18 个双边投资保护条约对征收补偿基本上也采用了该标准。② 但是，这 18 个双边投资保护条约在征收标准的确定、计算等方面规定还不统一，有的条约还存在一些缺漏，这不利于我国在非投资的保护。

例如，在中非现有的 18 个双边投资保护条约中，对征收补偿额的确定，只有中国—突尼斯、中国—南非、中国—摩洛哥、中国—加蓬这 4 个双边投资保护条约明确采用了"市场价值"这一短语，其他大部分条约都只是提到"被征收投资的价值"，这容易造成不确定性。由于征收实际发生的时间和征收决定作出的时间不一致，为了避免因这一时间差给投资的市场价值带来影响，各国签订的双边投资保护条约一般都会对确定被征收投资的市场价值的时间点予以界定。例如，在实际征收发生的时间和作出征收的决定为公众所知的时间不一致时，一般以发生在先者为准。③ 从中非现有的 18 个双边投资保护条约有关确定征收财产价值的时间点的规定来看，还极不统一。例如，中国同加纳、尼日利亚、埃及的双边投资保护条约采用的是"征

---

① 朱伟东：《中非双边投资条约存在的问题及完善》，《非洲研究》2015 年第 1 卷。
② 同上。
③ 同上。

收公布前一刻"这一时间点；中国同苏丹、阿尔及利亚、埃塞俄比亚、佛得角的双边投资保护条约采用的是"征收公布时"这一时间点；中国同赤道几内亚、马达加斯加、摩洛哥、加蓬、津巴布韦签订的双边投资保护条约采用的时间点是"采取征收或征收为公众所知前一刻"；中国同毛里求斯签订的双边投资保护条约甚至对此没有作出规定，只是规定"补偿应代表受影响的投资的真正价值"。在中非现有的 18 个双边投资保护条约中，只有中国同马里、突尼斯和南非签订的双边投资保护条约采用了国际上通用的"实际征收或征收为公众所知时间中以较早者为准"的做法。[①]

对于如何确定某一具体时间点的被征收投资的市场价值，有不同的评估方法。国际上确定市场价值最为常用的方式是采用贴现现金流量的方法（discounted cash flow method），该方法以投资项目未来的可能收益以及其他风险因素相结合来确定投资财产在基准日的市场价值。如果投资项目尚未产生收益或在将来不可能产生收益，在确定投资财产的市场价值时通常采用清算价值（liquidation value）方法，即根据清算条件下投资财产可以出售的价格来进行计算。[②] 在现有的 18 个生效的中非双边投资保护条约中，只有中国同马里、突尼斯、赤道几内亚、津巴布韦签订的双边投资保护条约对被征收财产市场价值的确定做了规定，但这些规定比较含糊，没有明确采用国际上通用的贴现现金流量方法或清算价值方法。例如，中国同马里、突尼斯和赤道几内亚的双边投资保护条约均规定，被征收投资的价值应根据普遍承认的估价原则确定，但何为普遍承认的估价原则，这些条约并没有明确规定。中国同津巴布韦的双边投资保

[①] 朱伟东：《中非双边投资条约存在的问题及完善》，《非洲研究》2015 年第 1 卷。

[②] Rudolf Dolzer & Christoph Schreuer, op. cit., pp. 274–275.

护条约规定，征收补偿款额的计算应考虑由独立的会计师事务所确定的净资产价值以及市场价值，同样没有明确规定如何确定征收补偿标准。①

征收补偿一般还应包括利息。利息通常自征收之日起计算。但在发生间接征收时，利息一般自投资者最终丧失对投资的控制时开始起算。② 只有中国同尼日利亚、埃及、马里、南非、赤道几内亚、马达加斯加、津巴布韦和毛里求斯签订的双边投资保护条约规定征收补偿应包括利息，其他 8 个中非双边投资保护条约都没有对此作出规定，这显然不利于中国在非投资的保护。此外，在 8 个对征收补偿款利息作出规定的双边投资保护条约中，有关利息的计算都是自征收之日起计算，没有考虑到间接征收这一特殊情况。③

征收及补偿还涉及投资者与投资东道国政府就征收行为的合法性以及征收补偿款额产生争议时如何解决的问题。这实际上在投资者—东道国投资争议解决中经常出现。下面将对中非现有双边投资保护条约对上述争议解决的规定做一分析。

（五）条约中的"争议解决"条款

中非现有的 18 个双边投资保护条约均对争议解决做了规定。围绕双边投资保护条约产生的争议有两类：一类是双方缔约国因条约的解释或执行所产生的争议，另一类是缔约一方投资者与另一缔约方之间所产生的投资争议。第一类是国与国之间的争议，此类争议一般首先通过外交途径协商解决，解决不成时双方将争议提交专设临时仲裁庭解决。第二类争议是投资者与国家之间的争议，是国际投资中最为常见的争议类型，有

---

① 朱伟东：《中非双边投资条约存在的问题及完善》，《非洲研究》2015 年第 1 卷。
② Rudolf Dolzer & Christoph Schreuer, op. cit., p. 275.
③ 朱伟东：《中非双边投资条约存在的问题及完善》，《非洲研究》2015 年第 1 卷。

不同的解决方式。①

对于第一类国与国之间因投资条约的解释或适用所产生的争议，除中国同摩洛哥、加蓬签订的双边投资保护条约外，其他14个双边投资保护条约都规定，此类争议首先由缔约双方通过外交途径协商解决，如无法解决，再由双方提交专设临时仲裁庭解决。中国同摩洛哥、加蓬签订的双边投资保护条约规定，此类争议首先由缔约双方通过外交途径协商解决，如无法解决，争议将提交给由双方代表组成的混合委员会。如混合委员会仍无法解决争议，则该争议将提交给专设临时仲裁庭解决。②

对于第二类投资者与国家之间的争议，有不同的解决途径，如在投资者东道国法院解决，在第三国法院解决，提交国际商事仲裁机构如巴黎国际商会仲裁院、伦敦国际商事仲裁院等常设仲裁机构解决，或提交给专设的临时仲裁庭解决等。上述解决方式对于投资者和投资东道国来说各有利弊。例如，投资东道国一般会主张在本国法院解决争端，而投资者一般由于担心东道国法院会受到东道国政府的政治干预，一般会主张在第三国法院或在东道国以外的仲裁机构解决投资争议。为了更好地解决国际投资争议，世界银行在1965年通过了《关于解决国家和其他国家国民间投资争端的华盛顿公约》（以下简称《华盛顿公约》），根据该公约成立了一个专门解决国家与他国国民间投资争议的机构即解决投资争端国际中心（ICSID）。该中心目前每年受理大量投资争议的案件，成为解决国际投资争议的一个重要机构。③

在中非现有的18个生效的双边投资保护条约中，对于

---

① 朱伟东：《中非双边投资条约存在的问题及完善》，《非洲研究》2015年第1卷。
② 同上。
③ 同上。

1998年及1998年前签订的条约除中国—南非双边投资保护条约外，都规定只有有关征收补偿额的争议可以直接提交仲裁解决或提交东道国法院解决，而其他有关投资的争议只能在投资东道国法院解决，如中国同加纳、苏丹、埃及、阿尔及利亚、埃塞俄比亚、佛得角、津巴布韦、毛里求斯签订的双边投资保护条约，或在取得争端当事双方的同意后提交仲裁解决，如中国同摩洛哥、加蓬签订的双边投资保护条约。中国在1999年后同尼日利亚、马里、突尼斯、赤道几内亚、马达加斯加、坦桑尼亚和刚果（布）7个非洲国家签订生效的双边投资保护条约以及中国和南非在1997年12月签署的双边投资保护条约不再区分征收补偿额争议和其他投资争议，规定所有投资争议均可提交东道国法院解决或提交给ICSD或专设仲裁庭通过仲裁程序解决。[①]

还应注意的是，在同中国有生效双边投资保护条约的18个非洲国家中，除埃塞俄比亚、佛得角、南非、赤道几内亚不是《华盛顿公约》成员国外，其他14个非洲国家都是该公约的成员国。但奇怪的是，在1999年签订生效的双边投资保护条约中，对于征收补偿款争议的解决，中国同苏丹、埃及、阿尔及利亚、津巴布韦、毛里求斯的双边投资保护条约都规定既可提交东道国法院解决，也可直接提交专设仲裁庭解决。上述几个非洲国家都是《华盛顿公约》成员国，但却没有选择ICSID仲裁解决。埃塞俄比亚、佛得角不是《华盛顿公约》的成员国，但它们同中国签订的双边投资保护条约却规定有关征收补偿款的争议可提交给东道国法院或提交给ICSID或专设仲裁庭解决。这样的规定不知是否是出于疏忽？只有中国同加蓬、摩洛哥签订的双边投资保护条约规定，有关征收补偿款的争议既可提交

[①] 朱伟东：《中非双边投资条约存在的问题及完善》，《非洲研究》2015年第1卷。

东道国法院解决，也可直接提交给 ICSID 解决。中国在 1999 年后同非洲国家签订生效的 5 个双边投资保护条约中也存在类似现象，例如，尼日利亚是《华盛顿公约》成员国，但中国—尼日利亚双边投资保护条约规定，任何投资争议可提交给东道国法院解决或提交给专设仲裁庭解决，而赤道几内亚不是该公约的成员国，但中国—赤道几内亚双边投资保护条约却规定，任何投资争议可提交给东道国法院解决或提交给 ICSID 解决。当然，并不是说，《华盛顿公约》的成员国必须要通过 ICSID 解决投资争议，而非该公约成员国就不能利用 ICSID 争议解决机制，笔者只想强调的是在作出争议解决安排时必须要慎重考虑。①

可以看出，在现有的中非 18 个双边投资保护条约中，有 8 个条约即中国同加纳、苏丹、埃及、阿尔及利亚、埃塞俄比亚、佛得角、津巴布韦、毛里求斯签订的双边投资保护条约都规定对于征收补偿款争议以外的其他投资争议必须在投资东道国法院解决。考虑到目前中非之间的投资主要表现为中国在非洲的投资，例如，在上述 8 个非洲国家中，中国在加纳、苏丹、埃及、埃塞俄比亚、津巴布韦、毛里求斯有大量投资，这就意味着很多投资争议会发生在非洲国家，根据条约的规定这些投资争议就必须在非洲国家法院解决。② 笔者以前曾经多次指出，考虑到非洲国家的现实情况，仲裁应是解决中非经贸投资纠纷的最佳选择。③ 而目前这些条约的规定不利于保护在非洲的中国投

---

① 朱伟东：《中非双边投资条约存在的问题及完善》，《非洲研究》2015 年第 1 卷。

② 同上。

③ Weidong ZHU, "Arbitration as the Best Option for the Settlement of China-African Trade and Investment Disputes", *Journal of African Law*, Vol. 57, No. 1, 2013；朱伟东：《非洲涉外民商事纠纷的多元化解决机制研究》，湘潭大学出版社 2013 年版，第 386—395 页。

资者利益。

三 中非双边投资条约可能出现的新情况

前已述及,在《华盛顿公约》起草阶段,非洲国家积极参与,提出许多意见和建议。在该公约通过后,非洲国家踊跃加入该公约,希望为外国投资创造良好的法律环境。目前,已有46个非洲国家是该公约的成员国。非洲国家与其他国家签订的双边投资保护条约也大都规定任何投资争议均可提交到ICSID解决。作为资本输入国,非洲国家与其他资本输出国发生过大量投资争议,其中有许多争议案件被提交给ICSID解决。近年来,一些非洲国家开始反思,传统的双边投资保护条约是否对投资东道国有利?是否会限制投资东道国对外资进行监管的权利?是否还有必要继续与其他国家签订双边投资保护条约?还是在重新谈判的基础上与其他国家签订新类型的双边投资保护条约或者对现有的双边投资保护条约进行修订?在这一背景下,近年来一些非洲国家加大了本土化立法步伐,同时又通过立法或修改相关法律规定禁止投资者将因本土化产生的争议提交给国际诉讼或仲裁。这引起投资者的极大关注。

过去10年来,本土成分(local content)在资源丰富的发展中国家受到越来越多的关注。"本土成分"一般是指外国投资者在东道国进行投资活动时,要采购一定数量的本地产品和服务、雇用一定比例的当地人员并进行技能培训、增加当地股份或股权参与等。[1] 通过立法或制定政策实施本土成分要求,一般都是出于一定的社会、政治和经济考虑。在非洲,实施本土成分立法或政策被视为是解决年轻人失业率、减少社会动荡和促进工

---

[1] Michael W. Hansen, Lars Buur, Ole Therkildsen and Mette Kjar, "The Political Economy of Local Content in African Extractives: Lessons from Three African Countries", paper presented at: 46. *Armødei Dansk Selkab for Statskundskab*, okt. 23 – 24, 2014, Vejle, Denmark.

业化的一种可能手段。① 为此，许多非洲国家纷纷制定或实施了本土成分的立法和政策，特别是在矿业、石油和天然气领域，有的国家还成立了专门机构以负责本土化立法和政策的实施。②

例如，尼日利亚在 2010 年制定了《尼日利亚油气行业成分发展法》，并设立了尼日利亚本土成分监管局，以负责监督该法所设定的本土化目标的实施；为了实施本土成分的规定，赤道几内亚矿业、工业和能源部在 2014 年 9 月制定了第 1 号《部长令》，要求外国石油公司与当地石油公司合作，并尽可能采购当地产品、服务，雇用当地人员，该法还授权在矿业、工业和能源部下设立国内成分理事会，负责该法所确定的相关规定的实施；肯尼亚在 2016 年 5 月通过的《矿业法》规定了许多本土成分要求，并且该法还设立了国家矿业公司以实施本土化规定；坦桑尼亚 2010 年《矿业法》和 2015 年《石油法》对矿业和石油领域的投资规定了详细的本土成分要求，③ 2017 年 6 月，坦桑尼亚国民议会还通过《自然财富和资源合同（不合理条款审查和重新谈判）法》《自然财富和资源（永久主权）法》以及《杂项修正法》等三部立法，对本土成分提出更高要求，规定外国投资者应将其矿业项目至少 16% 的股权免费转让给坦桑尼亚政府，并同时提高了宝石、钻石、黄金和其他金属开采的特许

---

① Ovadia J. S., "Local Content and Natural Resource Governance: the Cases of Angola and Nigeria", *Extr. Ind. Soc.*, 2014, p. 139.

② 关于非洲本土化立法的情况，参见朱伟东《非洲投资法律环境的变迁及应对》，《非洲发展报告（2017—2018）》，社会科学文献出版社 2018 年版，第 106—128 页。

③ Siri Lange and Abel Kinyondo, "Resource Nationalism and Local Content in Tanzania: Experiences from Mining and Consequences for the Petroleum Sector", *The Extractive Industry and Society*, No. 3, 2016, pp. 1095 - 1104; Abel Kinyondo and Espen Villanger, "Local Content Requirements in the Petroleum Sector in Tanzania: A Thorny Road from Inception to Implementation?", *CMI Working Paper*, No. 6, 2016, pp. 15 - 19.

权使用费率。①

其他许多非洲国家近年来有关矿业和油气领域的立法和政策也都对本土成分作出明确规定，如博茨瓦纳1999年的《矿业与矿产法》，喀麦隆1999年的《石油法》以及2012年的《天然气法》，加蓬2000年的《矿业法》以及2014年的《碳氢化合物法》，刚果（金）2002年的《矿业法》②，纳米比亚2003年发布的《矿业政策》以及2005年通过的《国家公平经济赋权框架》，安哥拉2004年的《石油活动法》，加纳2006年的《矿产和矿业法》以及2013年的《石油（本土成分和本土参与）条例》，南非2008年的《矿业和石油资源开发修正法》，乌干达2008年的《国家石油和天然气政策》、2013年的《石油（勘探、开发和生产）法》以及《石油（冶炼、转化、运输及中游储存）法》，中非共和国2009年的《矿业法》，几内亚2011年的《矿业法》，利比里亚2012年的《石油法》，赞比亚2008年的《石油（开发与生产）法》、2013年的《矿产资源开发政策》以及2015年的《矿业与矿产开发法》，莫桑比克2014年的《矿业法》和《石油法》，肯尼亚2017年的《石油（勘探、开发和生产）法案》等。

还有一些非洲国家已经制定或正考虑制定全面的本土成分立法，如南非早在2003年就制定了《广义黑人经济赋权法》，津巴布韦在2007年制定了《本土化与经济赋权法》并在2010

---

① Dan Paget, Tanzania: Magufuli's Mining Reforms Are a Masterclass in Political Manoeuvering, available at http://allafrica.com/stories/201707171017.html, visited on August 15, 2019.

② 虽然遭到很多外国投资者的反对，但该法修正案已在2018年3月9日经刚果（金）总统签署成为正式法律。修订后的立法大幅度提高了矿业的税收及特许权使用费，这已引起许多外国投资者的关注与担忧。

年颁布了《本土化与经济赋权条例》,① 赞比亚在 2008 年制定了《公民经济赋权法》,肯尼亚在 2017 年 5 月公布了《本土成分条例》。莫桑比克在 2014 年启动制定全面的本土成分立法,目前草案正在审议中。乌干达在 2017 年向议会提交了《本土成分法案》,有望很快成为正式法律,该法计划设立一个国家本土成分委员会,并对当地采购、雇佣、技术转让、工程承包等相关领域的本土成分作出了明确而详尽的规定。

在上述实施本土化的非洲国家中,南非和尼日利亚的做法相对成功,例如,尼日利亚通过实施本土成分规定有望为该国创造 30 万个就业岗位,② 同时本地商品和服务的采购比例从 2010 年的 35% 提高到 2015 年的 70%。③ 其他一些国家由于本土成分的规定过于模糊,或由于当地缺乏必要的专业技术人才或相应的商品和服务,本土化没有取得预期的效果,如乌干达、赞比亚、埃塞俄比亚、安哥拉等。④ 还有些非洲国家在实施本土化要求时,由于操之过急或缺乏与利益相关者的有效沟通,导

---

① 在姆南加古瓦就任津巴布韦总统后,津巴布韦政府已多次修改本土化政策,《本土化与经济赋权法》基本名存实亡。

② Samson Gabriel, "300,000 Jobs Expected from Nigeria's Local Content", *Financial Watch*, 27 September, 2017.

③ ACET, Comparative Study on Local Content in Mineral, Oil and Gas Sectors: Policies, Legal and Institutional Frameworks-Trends and Responses in Selected African Countries, *Synthesis Report*, July 2017, p. 13.

④ Andrew Kibaya and Hellen Nakiryowa, "The Local Content Problem under the Petroleum Law Regime in Uganda", available at http://www.kwm.com/en/de/knowledge/insights/the-local-content-problem-under-the-petroleum-law-regime-in-uganda-20150316, visited on September 16, 2019; Akanimo Odon, "Why Local Content in Africa's Extractive Sector Won't Work without Home Grown Human Capital?", available at https://howafrica.com/why-local-content-in-africas-extractive-sector-wont-work-without-home-grown-human-capital/, visited on September 19, 2019.

致外国投资者人心惶惶,甚至撤走投资,① 有的还引发了投资者与投资东道国政府之间的投资争议。②

外国投资由于数量大、周期长、牵涉的东道国部门较多,在发生争议时,如何解决投资争议是一个十分令人头疼和棘手的问题。对于投资争议,投资东道国通常要求在国内法院或仲裁机构解决,而投资者则希望在一个中立的第三方或国际机构解决此类争议。为了增强投资者的投资信心,非洲国家大都在投资法中对投资争议解决做了明确规定,而且大部分国家的投资法都规定可以通过国际性仲裁机构如ICSID、国际商会仲裁院(ICC)等解决投资争议,以消除外国投资者的后顾之忧。但近年来非洲国家投资立法出现的一个新情况是,开始有越来越多的非洲国家立法限制外国投资者将投资争议提交国际仲裁机构解决,而要求他们必须在投资东道国的相关机构解决此类争议。

例如,安哥拉《私人投资法》第46条规定,外国投资者与安哥拉政府就投资合同发生的争议可以提交仲裁解决,但仲裁程序只能在安哥拉进行,而且合同只能适用安哥拉法律。该法

---

① 如津巴布韦在穆加贝总统执政时期实施本土化法的情况。姆南加古瓦总统上任后,津巴布韦新政府为吸引外资,不得不修改本土化法的相关规定,其中"本地人占股需超过51%"的规定将只适用于铂金和钻石矿开采企业,其他类型的企业不再需要满足这一要求。2019年8月,津巴布韦财政部长表示,铂金和钻石行业已从保留清单中移除,不再受股权比例的限制。

② 如南非在实施《矿产和石油资源开采法》中有关本土成分的规定时,就与意大利和卢森堡的一些投资者发生投资争议,该争议还被提交给解决投资争端国际中心,后双方和解解决了争议;坦桑尼亚在2017年通过三部有关本土化的立法后,在该国投资黄金开采活动的英国Acacia黄金公司和南非Anglo黄金公司已针对坦桑尼亚政府的上述立法向国际仲裁机构提起了投资争议仲裁请求: miningmx网: http://www.miningmx.com/news/gold/30016-anglogold-turns-un-arbitration-law-changes-threaten-geita/, visited on September 16, 2019。

只是规定了仲裁程序应在安哥拉进行,但未排除投资者可以选择国际性仲裁机构的可能性。而埃及、纳米比亚、肯尼亚的投资立法则明确排除了通过国际性仲裁机构解决投资争议的可能性。埃及2017年《投资法》第五章规定,外国投资者与埃及政府之间发生的投资争议可根据不同类型选择在申诉委员会、投资争议解决委员会,以及投资合同争议解决委员会通过调解方式解决,或选择在埃及仲裁中心通过仲裁方式解决投资争议;纳米比亚《投资法》第28条规定,对于投资设立后发生的投资争议,外国投资者可通知投资部长协助解决争议或指定调解员通过调解方式解决争议。外国投资者也可不选择调解程序,直接把争议提交给纳米比亚相关法院。根据该法规定,纳米比亚法院对因该法产生的投资争议具有专属管辖权。不过,投资部长和外国投资者也可通过书面协议约定,根据纳米比亚1965年《仲裁法》在纳米比亚通过仲裁方式解决投资争议。肯尼亚2014年修订的《外国投资保护法》没有明确规定投资争议解决方式,但该法将《肯尼亚宪法》第75条作为附件列入。根据《肯尼亚宪法》第75条,对肯尼亚政府强制征收的财产具有权益或权利的人,可直接向肯尼亚高等法院提起诉讼。

南非2015年《投资保护法》虽然保留了通过国际性仲裁机构解决投资争议的可能性,但却规定了严格的限制条件。该法规定,只有外国投资者在南非用尽当地救济且取得南非政府的同意后,才可将此类争议提交国际仲裁解决。坦桑尼亚《投资法》第23条虽然规定对于外国投资者与坦桑尼亚政府之间的投资争议,外国投资者可选择通过投资争端解决国际中心或投资者母国与坦桑尼亚签订的双边条约或共同参加的国际条约规定的其他方式解决,但坦桑尼亚2017年的《自然财富与资源合同(不合理条款审查与重新谈判)法》则排除了这种可能性。根据该法,外国投资者与坦桑尼亚政府之间就矿业开采所产生的投资争议不得在坦桑尼亚以外通过仲裁或诉讼方式解决。

上述非洲国家的做法与世界上其他一些发展中国家近年来对待投资争议解决的做法是一样的。这些国家认为,将投资争议提交国际仲裁解决会干涉国内有关部门对本国经济发展进行规制的权力,而且让某些外国的仲裁员来判断本国政府为了公共利益而采取的相关政策或措施是否合法,也很难令人接受。这也是国际投资仲裁合法性危机的一种反映。① 随着非洲国家在矿业、石油和天然气等行业本土化的进一步推进,以及在环境保护、公共健康等领域采取的措施进一步增强,非洲国家可能会面临更多的投资争议。将投资争议解决国内化,可以在一定程度上使非洲国家的国内政策避免受到过多的外部干扰,但另一方面这种做法会动摇投资者的投资信心,会让投资者担心投资争议在投资东道国能否得到合法、公正、合理的解决。

为了防止外国投资者利用双边投资保护条约将有关投资争议提交国际仲裁解决,南非已向欧洲的德国、西班牙、比利时、卢森堡、瑞士发出终止双边投资保护协定的通知,除瑞士外,这些国家都是欧盟成员国。作为南非最大的投资和贸易伙伴,欧盟对南非的这种做法十分关注。② 南非目前是中国在非洲的第一大投资目的地。两国在 1997 年 12 月 30 日签署了双边投资保

---

① 相关分析参见 Charles N. Brower and Stephan W. Schill, "Is Arbitration a Threat or Boon to the Legitimacy of International Investment Law?", *Chicago Journal of International Law*, No. 2, 2009, pp. 471 – 498; Ruth Teitelbaum, "A Look at the Public Interest in Investment Arbitration: Is it Unique? What Should We Do about It?", *Berkeley J. Int'l. L. Publicist*, Vol. 5, 2010, pp. 54 – 62; Barnali Choudhury, "Recapturing Public Power: Is Investment Arbitration's Engagement of the Public Interest Contributing to the Democratic Deficit?", *Vanderbilt Journal of Transnational Law*, Vol. 41, 2008, pp. 775 – 832.

② 朱伟东:《南非投资促进与保护法案评析》,《西亚非洲》2014 年第 2 期。

护协定，该协定自1998年4月1日生效。根据该协定第12条的规定，协定自生效之日起有效期为10年。如果缔约任何一方未在有效期满前1年通知缔约另一方终止本协定，本协定继续有效。根据该规定，其第二个有效期会截至2018年4月1日。① 如果南非决定终止该协定，根据该协定的规定，它应当在2017年4月1日前提出。② 从商务部条约法律司公布的双边投资保护协定信息来看，该协定仍在适用。有消息称，南非政府在决定终止同一些欧洲国家的双边投资保护协定时，也对中国和南非的双边投资保护协定进行了讨论。③ 但现在还不清楚南非是否会决定终止中国签订的双边投资保护协定。

第二节 中非双边民商事司法协助条约

司法协助是指不同国家之间根据本国缔结或者参加的国际条约或互惠原则，相互合作作为对方代为一定的诉讼行为。按照范围的不同，司法协助一般分为两类：即广义司法协助和狭义司法协助。广义司法协助的范围一般包括以下五个方面：代为送达诉讼文书；代为调查证据，询问证人；根据对方的请求，向对方提供有关法律资料和文件；承认和执行对方法院生效裁判；以及承认和执行对方仲裁机构的仲裁裁决。狭义司法协助的范围较小，一般仅包含上述一至三方面内容的司法协助。我

---

① 商务部条约法律司网站：http://tfs.mofcom.gov.cn/article/Nocategory/201111/20111107819474.shtml，2019年9月22日。

② 《中国和南非双边投资保护协定》第12条第3款规定："在本协定第一个十年有效期满后，缔约任何一方均可以随时终止本协定，但是至少应当提前一年书面通知缔约另一方。"

③ "South Africa Terminates Bilateral Investment Treaties with Germany, Netherlands and Switzerland", http://www.rh-arbitration.com/south-africa-terminates-bilateral-investment-treaties-with-germany-netherlands-and-switzerland/, visited on December 12, 2018.

国民事诉讼法对司法协助做了详细规定，根据规定我国提供司法协助的根据有两个：一是中华人民共和国缔结或者参加的国际条约；二是互惠原则。在实践中，我国开展司法协助主要是根据双边司法协助条约和国际条约进行的。

一　中非民商事司法协助条约概况

从前面的分析我们知道，中非之间的跨境民商事案件是发生在中非当事人之间的最大一类案件。这些案件几乎涉及每个非洲国家。案件类型多样，几乎涵盖了所有类型的民商事案件，如合同纠纷、信用证纠纷、侵权纠纷、不当得利纠纷、婚姻纠纷、继承纠纷等。随着中非经贸关系的发展，此类案件呈现急剧上升的态势。这些跨境民商事案件的解决需要中非双方建立通畅的民商事司法协助渠道。特别是近几年在中非之间发生的几起涉及判决承认和执行、管辖权冲突的案件更凸显了中非加强民商事司法协助的重要性。

例如，在2015年6月江苏省泗洪县人民法院受理的埃塞俄比亚人H某和埃塞俄比亚人D某之间的离婚案件中，泗洪县人民法院驳回了原告的起诉，理由是本案原、被告之间不存在选择中国法院管辖的协议，案件不属于中国法院专属管辖，也不涉及中国、中国公民、法人或者其他组织的利益；且本案原、被告双方均系埃塞俄比亚人，缔结婚姻系在埃塞俄比亚，且系在教堂缔结，并非在中国境内，在对婚姻效力等案件事实认定及法律适用方面存在重大困难，埃塞俄比亚法院对案件享有管辖权。故原、被告之间的离婚案件由埃塞俄比亚法院审理更为妥当。[①] 暂且不论法院在推理方面存在的问题，但就这一案件而言，如果中国和埃塞俄比亚存在有双边民商事司法协助条约，法院就可直接根据条约来确定是否可以进行管辖。在2015年4

---

① （2015）洪民初字第02542号。

月湘潭市中级人民法院受理的当事人申请承认和执行非洲国家乍得商事法庭作出的判决一案中,湘潭中院审查后以中国和乍得不存在有关判决承认和执行的民商事司法协助条约以及不存在互惠关系为由,拒绝承认和执行乍得法院作出的判决。① 这种情况可能使得当事人不得不在国内法院重新提起诉讼,这会造成当事人时间、金钱和精力的浪费。如果中国和乍得存在双边民商事司法协助条约,就不会存在判决承认和执行的障碍。如果中国不同更多非洲国家签订民商事司法协助条约,且仍然坚持判决承认和执行的互惠原则,将导致大量非洲国家法院作出的判决不能在中国法院得到承认和执行,从而也会影响到中国法院判决在非洲国家的承认和执行,这显然不利于中非之间正常的民商事交往。在2013年1月浙江省乐清市人民法院受理的一起案件中,原被告双方都是中国人,因合同货款发生纠纷。原告先在乌干达最高法院(商业分院)提起诉讼,在诉讼尚未终结时,又回到国内在乐清市法院针对被告提起诉讼。乐清市法院以当事人已在乌干达最高法院就同一案件提起诉讼为由,驳回了当事人的起诉。② 这是收集到的中非之间的第一个有关平行诉讼的案件。中国国内法律对此类重复式平行诉讼没有相应的规定。如果中国和乌干达签订有民商事司法协助条约并对此类诉讼作出规定,就非常便于法院确定能否对案件行使管辖。随着中非民商事往来的更加频繁,这种涉外的民商事案件会越来越多,这就迫切需要中非之间加强民商事司法合作,签署更多民商事司法协助条约,为中非之间民商事争议的顺利解决提供法律保障。

根据中华人民共和国外交部条法司网站的信息,中国目前已生效的民刑事司法协助条约有19项,民商事司法协助条约18

---

① (2014)潭中民三初字第181号。
② (2012)温乐商初字第705号。

项。就非洲国家而言，中国目前仅同摩洛哥、阿尔及利亚、突尼斯和埃塞俄比亚4个非洲国家存在有效的民商事司法协助条约，与埃及存在有效的民商事和刑事司法协助协定。从签订的时间来看，中国和埃及（1994年12月29日签署，1995年5月31日生效）、摩洛哥（1996年4月16日签署，1999年11月26日生效）、突尼斯（1999年5月4日签署，2000年7月20日生效）的司法协助条约都是在2000年签订的，中国同阿尔及利亚（2010年1月10日签署，2012年6月16日生效）、埃塞俄比亚（2014年5月4日签署，2018年1月3日生效）的司法协助条约是在2010年后签署的。从这些非洲国家的分布范围来看，它们都在北非和东非。从这些条约的内容来看，它们都包含了文书送达、调查取证、判决和仲裁裁决的承认与执行、交换资料和文献等。因此，这些双边司法协助条约所提供的司法协助都是广义的司法协助。本节将集中探讨这五项民商事司法协助条约有关文书送达、调查取证、判决的承认和执行以及仲裁裁决的承认和执行等四方面的内容。

二 中非民商事司法协助条约的具体内容

如上所述，现有的5个中非民商事司法协助条约所规定司法协助的内容都包括了文书送达、调查取证、判决和仲裁裁决的承认与执行以及其他相关内容如法律资料的交换、认证免除等。本部分将结合中非双边民商事司法协助条约的相关规定对这些司法协助内容做一分析。

（一）文书送达

域外文书送达制度中的"文书"一般包括"司法文书"（judicial documents）与"司法外文书"（extrajudicial documents）。司法文书一般包括在诉讼过程中由法院或诉讼当事人为进行诉讼所依法制作的传票、起诉书、答辩书、反诉书、上书书、申诉书、授权委托书、申请执行书、调查笔录、判决书、裁定书、决定书、调解书、执行令等。司法文书送达是诉讼程序得以启动和顺利进行的重要环节，它是指在诉讼过程中，请求方按照法定的程序和方式，将有关司法文书交付给有关当事人或诉讼参与人，以便有关当事人或其他诉讼参与人参加诉讼的一种行为。① 所谓"司法外文书"是指在司法外程序中制作或使用的文书。对于司法外程序，并无统一概念。一般认为司法外程序是指除司法程序以外的，用以确定民事法律关系、维护民事法律秩序、保护民事权益的程序。因此，司法外文书不同于司法文书，它一般具有两个基本特点：第一，它与诉讼案件并不直接相关；第二，它需要有某一"当局"（authority）或"司法助理人员"（judicial officer）的介入，并产生的相应的法律后果。② 虽然司法外文书和司法文书不同，但它们都是为了保障民事程序的顺利进行，维护当事人的合法权益，因此，在一些国际民事程序的公约和双边民商事司法协助条约中，对二者规定了一样的送达方式。

不同国家之间的司法或司法外文书送达被称为域外送达。由于域外送达涉及两个不同的国家和不同的法律制度，因此，作为有关国家之间相互协调的产物的条约或协议，是进行域外送达的重要法律依据。③《中华人民共和国和阿拉伯埃及共和国关于民事、商事和刑事司法协助的协定》第14条对文书送达做了规定，该条规定："缔约双方应根据1965年11月15日在海牙缔结的《关于向国外送达民事或商事司法文书或司法外文书的公约》（以下简称《海牙送达公约》），相互代为送达民事和商事司法文书和司法外文书。"中国和阿尔及利亚、突尼斯、摩洛哥、埃塞俄比亚的民商事司法协助条约也分别对司法文书的

---

① 徐宏：《国际民事司法协助》，武汉大学出版社1996年版，第129页。
② 同上书，第132—134页。
③ 同上书，第154—155页。

范围、送达方式、送达回证等事项作了明确规定。

在上述5个非洲国家中，只有埃及是海牙《海牙送达公约》的成员国，而其他4个国家都不是该公约的成员国，因此，只有中国和埃及的双边民商事司法协助条约规定，司法和司法外文书的送达可以通过该公约的规定进行。《海牙送达公约》规定了6种送达方式，可由请求国在一定条件下选择适用：（1）通过外交人员或领事将文件送达或通知在国外的人员；（2）利用领事途径直接将文书送交给被请求国中央机构或其他指定机构进行送达；（3）通过外交途径送达；（4）直接将文书邮寄给在国外的人员；（5）文件签发国的主管司法人员、官员或其他人员直接通过目的地国的主管司法人员、官员或其他人员送达；（6）诉讼上有利害关系的人员直接通过目的地国的主管司法人员、官员或其他人员送达。此外，公约也不妨碍缔约国采取与以上规定不同的送达途径，特别是在其各自机关之间的直接传递。中国在加入《海牙送达公约》时，专门就送达方式作出了声明和保留。根据这些声明和保留，中国有限允许适用途径（1），即仅允许外国的外交人员或领事将文件送达或通知其在中国境内的本国国民；我国反对采用，反对适用途径（4）（5）和（6），即中国和埃及之间的文书送达只能通过外交途径、领事途径或由外国的外交人员或领事直接向所在国的该外国国民进行送达。而中国与埃塞俄比亚、摩洛哥、突尼斯和阿尔及利亚的双边民商事司法协助条约都规定了中央机关送达途径，即通过双方指定作为中央机关的司法部执行双方之间的送达请求。

中国和这5个非洲国家的双边民商事司法协助条约有关送达的规定还存在其他许多不同。首先，在适用范围上有所不同，例如，中国和埃及、摩洛哥的双边民商事司法协助条约规定送达的文书包括司法和司法外文书，而中国和阿尔及利亚、突尼斯和埃塞俄比亚的双边民商事司法协助条约仅仅提及司法文书的送达；其次，在执行方式上有所不同，中国和阿尔及利亚、突尼斯、埃塞俄比亚的双边民商事司法协助条约规定，在不违背被请求国法律的情况下，可按照请求方提出的特殊方式进行送达，①而中国同埃及、摩洛哥之间的双边民商事司法协助条约对此语焉不详；最后，对外交或领事代表机构送达文书的职能规定不同。在中国和上述五个非洲国家签署的双边民商事司法协助条约中，中国同埃及、阿尔及利亚和摩洛哥之间的双边民商事司法协助条约规定，一方可以通过本国派驻另一方的外交或者领事代表机关向在另一方境内的本国国民进行送达，其中中国和摩洛哥的双边民商事司法协助条约还规定，在缔约一方不反对的情况下，甚至可以由外交或领事代表直接向该缔约方的人员进行送达。②而中国与突尼斯和埃塞俄比亚的双边民商事司法协助条约没有规定外交或领事代表具有此项送达文书的职能。

（二）调查取证

调查取证和送达文书一样是民事诉讼程序中必不可少的环节。只有充分调取各类证据，法院才能查明案件事实，并在此基础上作出判决。在国际民商事诉讼程序中，受诉法院国的有关机构和人员为了查明案件事实，很多情况下需要到境外进行调查取证。这也就是通常所说的域外取证。域外取证是一种司

---

① 《中华人民共和国和阿尔及利亚民主人民共和国关于民事和商事司法协助的条约》第12条第2款；《中华人民共和国和突尼斯共和国关于民事和商事司法协助的条约》第10条第2款；《中华人民共和国和埃塞俄比亚联邦民主共和国关于民事和商事司法协助的条约》第10条第1款。

② 《中华人民共和国和阿拉伯埃及共和国关于民事、商事和刑事司法协助的协定》第6条；《中华人民共和国和阿尔及利亚民主人民共和国关于民事和商事司法协助的条约》第20条；《中华人民共和国和摩洛哥王国关于民事和商事司法协助的协定》第15条第1、第2款。

法主权行为，由于各国特别是普通法系国家和大陆法系国家在诉讼制度和取证方式方面存在的巨大差异，导致域外取证异常复杂和困难。为提高域外取证的效率，促进各国在域外取证方面的合作，海牙国际私法会议制定并通过了《关于从国外获取民事或商事证据公约》（以下简称《海牙取证公约》）。该公约已在 1972 年 10 月 7 日生效。截至 2019 年 3 月 1 日，该公约已有 62 个缔约国。[①] 中国在 1997 年 7 月 3 日决定加入该公约，而非洲只有摩洛哥、塞舌尔、南非 3 个国家加入了该公约。

《海牙取证公约》规定了两种主要的取证制度：一种是通过请求书进行间接取证的制度，另一种是通过领事和特派员进行直接取证的制度。请起诉取证制度是由缔约双方的中央机关通过请求书形式进行的取证制度。公约对请求书的提出、请求的执行，以及对请求书的异议和拒绝做了详细的规定。领事和特派员取证制度是《海牙取证公约》的一个重要特点，它给各国在请求书取证制度之外寻求其他途径取证提供了方便。[②] 根据公约的规定，领事取证是指外交领事人员可以在不使用强制手段的情况下，在驻在国向其本国国民进行取证，而特派员取证是指在经过被请求国主管机关的适当准许下，请求国法院委派的特派员可以在不使用强制手段的情况下，直接在被请求国领域内进行取证。特派员取证制度是英美法系国家诉讼中的一个独特制度，实践中很多国家特别是大陆法系国家不认可也不准许在本国境内采取这种取证方式。中国在加入该公约时作出了三项声明：一是中国指定中国司法部作为执行请求书的中央机关；二是对于普通法系国家有关审判前文件调查的请求书，中国仅

[①] 海牙国际私法会议网：https://www.hcch.net/en/instruments/conventions/status-table/? cid=82, visited on August 28, 2019。

[②] 肖永平：《国际私法原理》（第二版），法律出版社 2007 年版，第 410 页。

执行已在请求书中列明并与案件有直接密切联系的文件调查请求；三是中国仅承诺履行公约第二章"由外交或领事人员和特派员获取证据"中的第15条规定，即中国仅允许缔约国的外交或领事人员可以在中国向其本国国民调取与诉讼有关的民事或商事方面的证据。

《海牙取证公约》的缔约国之间可以根据该公约的规定进行域外取证。由于非洲只有摩洛哥、塞舌尔和南非是该公约的缔约国，因此中国通过该公约和非洲国家进行域外取证还存在很多不便。实践中，通过签订双边条约方式进行域外取证就成为一种首要的选择。上述5个非洲国家中，只有摩洛哥是《海牙取证公约》的成员国。但中国和摩洛哥在1996年签署民商事司法协助条约时，摩洛哥还没有加入该公约。[①] 因此，中国同它们之间的双边民商事司法协助条约都对调查取证做了相应的规定，包括取证范围、取证方式、证人和鉴定人作证等。

对于取证范围，这五项双边民商事司法协助条约的规定基本相同。根据规定，包括获取当事人陈述和证人证言，调取物证和书证，进行鉴定或者司法勘验，或者履行与调查取证有关的其他司法行为。不过，中国与埃及和埃塞俄比亚的双边民商事司法协助条约还明确规定了不予执行的取证请求。例如，《中华人民共和国和阿拉伯埃及共和国关于民事、商事和刑事司法协助的协定》第16条第2款规定，如果调查所获证据并非准备用于已经开始或预期的司法程序，或者如果取证请求涉及对审判前文件的调查的，缔约双方可以拒绝此类调查取证请求。而《中华人民共和国和埃塞俄比亚联邦民主共和国关于民事和商事司法协助的条约》第13条第2款则规定，本条约不适用于下列情况：调取不打算用于已经开始或即将开始的司法程序的证据；或者调取未在请求书中列明或与案件没有直接密切联系的文件。

---

① 摩洛哥是在2011年3月24日成为该公约成员国的。

上述规定显然都受到《海牙取证公约》相应规定的影响，但其措辞与公约的规定又都不一致。

对于调查取证请求的执行方式，上述条约都规定执行调查取证应通过缔约双方的中央机关进行。中国与突尼斯、阿尔及利亚和埃塞俄比亚的双边民商事司法协助条约还明确规定，被请求方应当根据本国法律执行调查取证的请求，《中华人民共和国和摩洛哥王国关于民事和商事司法协助的协定》第7条规定，缔约双方在本国境内实施司法协助，各自适用其本国法。但中国与埃及的双边民商事司法协助条约中对此没有明确的规定。即使没有这样的规定，被请求方在执行调查请求时仍会适用其本国法律。这是因为被请求方执行调查取证请求时应适用其本国法，是各国普遍接受的一项原则，也是国际私法中"程序问题适用法院地法"这一原则的体现。换言之，收到外国提出的取证请求后，由何机关代为取证，在取证中采取何种方式，遵循何种程序，均依被请求国法律确定。[①] 中国同摩洛哥、阿尔及利亚、突尼斯和埃塞俄比亚的双边民商事司法协助条约规定，在不违背本国法律的范围内，被请求方应按照请求方明确要求的特殊方式执行调查取证的请求。中国同埃及之间的双边民商事司法协助条约对此没有明确规定。

中国与上述五个非洲国家的双边民商事司法协助条约还规定了可以拒绝执行文书送达、调查取证等司法协助事项请求的理由。根据这些双边条约的规定，如果被请求方认为提高司法协助将有损本国的主权、安全或者重大公共利益，或者违反其法律的基本原则，或者请求的事项超出本国司法机关的主管范围，可以拒绝提供司法协助，但应向请求方说明拒绝的理由。其中，中国与埃塞俄比亚和突尼斯的双边民商事司法协助条约

[①] 徐宏：《国际民事司法协助》，武汉大学出版社1996年版，第233页。

还特别规定，对于送达司法文书和调查取证的请求，被请求方不得仅因为本国法院对该项诉讼标的具有专属管辖权，或者本国法律不允许进行该项请求所依据的诉讼，而拒绝提供司法协助。①

在证人和鉴定人作证方面，中国同埃及、阿尔及利亚和埃塞俄比亚的双边民商事司法协助条约对请求证人和鉴定人作证、证人和鉴定人的保护、证人和鉴定人的费用补偿以及在押人员作证等事项作了非常详细、具体的规定，而中国同摩洛哥和突尼斯对此没有详细的规定。

（三）法院判决和仲裁裁决的承认和执行

法院判决和仲裁裁决的承认和执行在国家经贸投资纠纷解决中具有十分重要的意义。如果获得的法院判决或仲裁裁决不能在另一国法院得到承认和执行，就等同于一张废纸，会导致胜诉方当事人付出的时间、精力和金钱付之一炬。为调整法院判决和仲裁裁决的承认和执行，国际社会制定了许多相应的国际公约。例如，在法院判决的承认和执行方面，海牙国际私法会议在 2005 年通过了《法院选择协议公约》，该公约自 2015 年 10 月 1 日生效，现有 27 个缔约国，但没有一个非洲国家；② 2019 年 7 月 2 日，海牙国际私法会议第 22 届外交大会审议通过了《承认与执行外国民商事判决公约》，但该公约尚未生效；③ 2019 年 8 月 7 日，由联合国国际贸易法委员会制定的《关于调解所产生的国际和解协议公约》（简称《新加坡调解公约》）在

---

① 《中华人民共和国和突尼斯共和国关于民事和商事司法协助的条约》第 6 条第 2 款；《中华人民共和国和埃塞俄比亚联邦民主共和国关于民事和商事司法协助的条约》第 6 条第 2 款。

② 海牙国际私法会议网：https://www.hcch.net/en/instruments/conventions/status-table/? cid=98，visited on August 16, 2019。

③ 海牙国际私法会议网：https://www.hcch.net/en/instruments/conventions/status-table/? cid=137，visited on September 19, 2019。

新加坡开放签署,包括中国、美国在内的46个国家成为该公约的首批签约国。贝宁、刚果(布)、刚果(金)、斯威士兰、毛里求斯、尼日利亚、塞拉利昂和乌干达8个非洲国家也签署了该公约。但该公约目前尚未生效。① 在仲裁裁决的承认和执行方面,由联合国外交会议在1958年6月10日通过并自1959年6月7日生效的《关于承认和执行外国仲裁裁决的纽约公约》(以下简称《纽约公约》)是目前使用最广的一项国际公约。截至2019年9月17日,《纽约公约》已有161个成员国,其中非洲成员国有37个。

通过对比分析有关法院判决和仲裁裁决承认与执行的国际公约可以看出,由于成员国数量有限,以及适用的领域仅限于协议选择法院的判决的承认与执行,因此,通过《法院选择协议公约》承认与执行外国法院判决还存在很大限制。而《纽约公约》由于涵盖了世界上大多数国家,因此它为成员国通过该公约承认和执行外国仲裁裁决提供了非常便利的条件。基于上述原因,现在各国主要通过签署双边民商事司法协助条约来对判决的承认和执行作出规定,而外国仲裁裁决的承认与执行主要通过《纽约公约》进行。

1. 法院判决的承认和执行

中国已签署《法院选择协议公约》,但尚未批准。非洲还没有一个国家批准该公约。因此,中国和非洲国家之间民商事判决的承认和执行主要依据双边民商事司法协助条约的规定进行。中国和上述五个非洲国家签署的双边民商事司法协助条约对判决的承认和执行做了非常详细的规定。从这些规定来看,这些条约有关判决承认和执行的差异主要体现在判决的范围以及拒

---

① 联合国贸法会网:https://uncitral.un.org/en/texts/mediation/conventions/international_settlement_agreements/status,visited on July 29, 2019。

绝承认和执行的条件方面。

（1）承认和执行的判决的范围

从中国和上述 5 个非洲国家之间的民商事司法协助条约有关法院判决承认和执行的规定来看，它们对可以承认和执行的判决的范围采用了两种列举方式：一种是肯定列举方式，即直接列举出可以承认和执行的外国法院判决的范围；另一种是肯定列举和否定排除方式，即在直接列举出可以承认和执行的外国法院判决的范围后，还通过排除方式规定了不予承认和执行的外国法院判决的范围。中国与埃及、摩洛哥和埃塞俄比亚的双边民商事司法协助条约采用了第一种方式。它们所规定的可以承认和执行的外国裁决一般都包括外国法院作出的民事或商事判决、外国法院在刑事案件中向受害人作出的有关赔偿或返还财物的民事判决，以及法院就民事或商事案件作出的调解书等。其中，中国和埃及民商事司法协助条约还将仲裁机构裁决纳入其中。例如，《中华人民共和国和阿拉伯埃及共和国关于民事、商事和刑事司法协助的协定》第 20 条第 1 款规定，承认和执行裁决的范围包括民事案件判决；在刑事案件中作出的有关损害赔偿的判决；仲裁机构的裁决。该条第 2 款接着规定，"裁决"还包括法院制作的调解书。《中华人民共和国和摩洛哥王国关于民事和商事司法协助的协定》第 16 条以及《中华人民共和国和埃塞俄比亚联邦民主共和国关于民事和商事司法协助的条约》第 21 条也都有类似的规定。

中国与突尼斯和阿尔及利亚的双边民商事司法协助条约采用了第二种列举方式。例如，《中华人民共和国和突尼斯共和国关于民事和商事司法协助的条约》第 19 条规定，承认和执行的裁决范围包括法院的民事和商事案件裁决；审理刑事案件的法院就向受害人给予赔偿和返还财物作出的民事裁决。其中"裁决"还包括法院就民事和商事案件制作的调解书。但法院就下列事项作出的裁决不适用该条约有关判决承认和执行的规定：

遗嘱和继承；破产、清算和其他类似程序；社会保障；保全措施和临时措施，但涉及生活费的裁决除外。①《中华人民共和国和阿尔及利亚民主人民共和国关于民事和商事司法协助的条约》第21条规定，一方应当根据本条约规定的条件，采取措施承认和执行另一方的下列裁判文书：法院在民事和商事案件中作出的裁判文书；审理刑事案件的法院就民事权利作出的裁判文书。但本条的规定不适用于下列案件中作出的裁判文书：遗嘱和继承；破产；除扶养案件外的临时保全措施。②

还应特别注意的是，中国与埃及、埃塞俄比亚、摩洛哥和突尼斯的双边民商事司法协助条约中可以承认与执行的外国裁决范围都包括了法院制作的调解书，但中国与阿尔及利亚的双边民商事司法协助条约中外国裁决的范围却不包括法院制作的调解书，这对于中国和阿尔及利亚当事人通过调解解决争议会带来极大不便。

（2）拒绝承认和执行的理由

从中国与上述5个非洲国家签署的双边民商事司法协助条约的内容来看，这五项双边民商事司法协助条约均规定在下列条件下可拒绝承认和执行来自缔约另一方法院的判决：该裁决尚未生效或者不能执行；裁决是由无管辖权的法院作出的；缺席判决中败诉一方当事人未经合法传唤，或在当事人无诉讼行为能力时未得到适当代理；被请求的缔约一方法院对于相同当事人之间关于同一标的的案件已经作出了生效裁决，或者已经承认了第三国对该案件作出的生效裁决。在承认和执行外国法院判决中，公共政策是一项重要考虑因素，因此上述五项双边民商事司法协助条约还特别提及，被请求国法院认为该裁决有

---

① 《中华人民共和国和突尼斯共和国关于民事和商事司法协助的条约》第19条。

② 《中华人民共和国和阿尔及利亚民主人民共和国关于民事和商事司法协助的条约》第21条。

损于该国的主权、安全、公共秩序或基本利益,可以拒绝承认和执行。

从上述条约来看,虽然它们都规定如果裁决是由无管辖权的法院作出的,则该裁决不能得到承认和执行。但在判断法院有无管辖权时,它们却采用了不同的审查标准。各国审查外国法院有无管辖权的目的是为了保护本国的管辖权和其他重大国家利益不会受到损害。各国在审查外国法院是否具有管辖权时并无统一标准,如与外国订有条约,则通常依据国际条约的规定进行审查;如未订有条约或条约未规定管辖权依据时,则有的国家根据被请求国的法律进行审查,有的国家依据请求国的法律进行审查,也有的国家结合两国法律进行审查。① 在上述五个中非双边民商事司法协助条约中,中国同摩洛哥、阿尔及利亚之间的双边民商事司法协助条约规定,应根据被请求一方的法律来判断作出裁决的法院有无管辖权。当中国法院作出的判决需要在摩洛哥或阿尔及利亚申请承认和执行时,摩洛哥或阿尔及利亚法院就会根据本国有关管辖权的规定来判断中国法院对案件是否具有管辖权,而中国法院在受理案件时考虑的是中国的管辖权规定,考虑到中国和摩洛哥或阿尔及利亚在管辖权规定方面存在的差异,这就会给中国法院判决在上述两国的承认与执行带来不确定性,甚至导致中国法院判决不能在上述两国得到承认和执行。

中国和埃及、突尼斯和埃塞俄比亚之间的双边民商事司法协助条约规定,在判断法院有无管辖权时,应根据条约中确立的管辖权标准来判断。从中国与埃及、突尼斯和埃塞俄比亚双边民商事司法协助条约所确立的管辖权标准来看,外国法院在下列情况下将被认为具有管辖权:在提起诉讼时,

---

① 徐宏:《国际民事司法协助》,武汉大学出版社1996年版,第279页。

被告在该方境内有住所或者居所；因被告在该方境内设立的分支机构的商业活动产生诉讼；被告已经明示接受该方法院的管辖；被告就争议的实质问题进行了答辩，未对管辖权提出异议；在合同案件中，合同在该方境内签订，或者已经或者应当在该方境内履行，或者诉讼标的物在该方境内；在侵权案件中，侵权行为或者结果发生在该方境内；在扶养义务案件中，债权人在提起诉讼时在该方境内有住所或者居所；作为诉讼标的物的不动产位于该方境内；在继承案件中，被继承人死亡时的住所地或者居所地或者主要遗产所在地位于该方境内；在身份案件中，诉讼当事人在该方境内有住所或者居所。如果双方法律中有关于专属管辖的规定，则应根据相关国家专属管辖的规定来确定该国法院是否对案件具有管辖权。这样的方式更为可取，缔约双方可以直接通过条约的规定来判断作出判决的外国法院是否具有管辖权，它也便于法院在受理涉及缔约另一方当事人的案件时确定自己是否可以对案件行使管辖，以免判决在日后不会因缺乏管辖权而不能在缔约另一方得到承认和执行。

2. 仲裁裁决的承认与执行

截至目前，非洲54个国家中已有37个国家加入了《纽约公约》。在上述5个非洲国家中，只有埃塞俄比亚没有加入该公约。因此，中国和埃及、摩洛哥、阿尔及利亚、突尼斯的双边民商事司法协助条约只是简单规定，对于仲裁裁决的承认和执行，应根据《纽约公约》的规定进行。《纽约公约》为仲裁裁决的承认与执行提供了十分便利的条件。根据公约的规定，只要外国仲裁裁决不存在可以被拒绝承认和执行的理由，被请求国法院就应承认和执行该仲裁裁决。《纽约公约》中拒绝承认和执行的理由有两类。一类是由被申请方当事人举证证明的理由，包括仲裁协议无效，违反正当程序，仲裁员超越权限，仲裁庭的组成或仲裁程序不当，裁决尚未发生约束力或已被撤销或停止执行；另一类是被请求国法院可自行主动拒绝承认和执行的理由，包括争议事项不具有可仲裁性，承认与执行仲裁裁决违反法院地的公共政策。[①] 中国在1986年决定加入《纽约公约》时作出了两项保留，即互惠保留和商事保留。根据互惠保留，中国只在互惠基础上根据该公约承认和执行在另一缔约国领土内作出的仲裁裁决；根据商事保留，中国只对依中国法律认定为属于契约性和非契约性商事争议适用该公约。

由于埃塞俄比亚还不是《纽约公约》的成员国，中国和埃塞俄比亚之间仲裁裁决的承认和执行还不能适用公约的规定。因此，《中华人民共和国和埃塞俄比亚联邦民主共和国关于民事和商事司法协助的条约》第五章专门对仲裁裁决的承认和执行做了具体规定。根据该条约第28条，一方应承认和执行在另一方境内作出的满足下列条件的仲裁裁决：仲裁裁决是基于当事人关于将已经发生或者即将发生的依据被请求方法律属于契约和非契约型商事法律关系所引起的争议提交仲裁的书面协议作出的，且是在仲裁协议中所规定的权限范围内作出的；并且按照被请求方法律，该项仲裁裁决所涉及的事项属于可仲裁事项。另外，结合该条约第6条规定，如果仲裁裁决的承认和执行会违反被请求国的公共政策，被请求国法院也会拒绝承认和执行该仲裁裁决。显然，《中华人民共和国和埃塞俄比亚联邦民主共和国关于民事和商事司法协助的条约》有关仲裁裁决承认和执行的规定与《纽约公约》第5条有关拒绝承认和执行外国仲裁裁决的条件基本相同。这为中国和埃塞俄比亚之间仲裁裁决的承认与执行提供了良好的途径。目前，中国和埃塞俄比亚经贸往来非常频繁，各类民商事争议时有发生。仲裁是解决中国和埃塞俄比亚之间民商事争议的一个优先选择，但是埃塞俄比亚有关仲裁裁决承认和执行的规定还受其1965年《民事诉讼法

---

① 《纽约公约》第5条第1、第2款。

典》的相关规定调整,① 这不利于中国和埃塞俄比亚之间仲裁裁决的承认和执行。考虑到上面的事实,中国和埃塞俄比亚双边民商事司法协助条约有关仲裁裁决承认和执行的规定就显得尤为重要了。

三 中非双边民商事司法协助条约存在的问题

上面对中国与埃及、埃塞俄比亚、摩洛哥、阿尔及利亚和突尼斯5个非洲国家的双边民商事司法协助条约进行了简要分析。在这五个双边民商事司法协助条约中,只有中国和埃及的民商事司法协助的内容和刑事司法协助的内容安排在一起。这5个双边民商事司法协助条约基本上都涵盖了民商事司法协助的所有领域,包括文书送达、调查取证、法院判决和仲裁裁决的承认与执行、法律资料的交换等。除仲裁裁决的承认和执行外,在民商事司法协助领域的国际多边公约中,如《海牙送达公约》《海牙取证公约》《海牙法院选择协议公约》,非洲国家的成员数量屈指可数,这就导致中国和非洲国家通过多边公约进行民商事司法协助几乎不可行,因此,双边司法协助条约是中国和非洲国家进行司法协助的首要选择。但通过对中非目前双边民商事司法协助条约的分析,可以看出,中非双边民商事司法协助条约还存在如下主要问题:

一是中非双边民商事司法协助条约数量有限,不利于中非全面开展民商事司法协助。中国现在的投资已遍及非洲52个国家,几乎在每一个非洲国家都有中国人在从事商贸活动。从中非现有的民商事案件来看,在中国法院受理的涉及非洲当事人的案件中,几乎涉及来自每一个非洲国家的当事人;而非洲很

---

① Tecle Hogos Bahata, "Recognition and Enforcement of Foreign Arbitral Awards in Civil and Commercial Matters in Ethiopia", *Mizan Law Review*, Vol. 5, No. 1, 2011, pp. 105–140.

多国家的法院也都受理过涉及中国当事人的案件。中非间这种频繁、广泛的民商事往来以及现实中存在的大量跨境民商事案件，使中非之间开展民商事司法协助不但非常必要，而且非常迫切。但迄今，中国仅同 5 个非洲国家签署有双边民商事司法协助条约，而且这几个非洲国家都集中在北部非洲。与中国有较多民商事往来且双方之间有大量案件发生的一些非洲国家，如尼日利亚、南非、肯尼亚、刚果（金）等，都还没有同中国签署双边民商事司法协助条约。笔者曾把中非双边民商事司法协助条约的现状描述成"结构上不对称""重量上不平衡"。[①]从时间上看，上述 5 个双边民商事司法协助条约中，只有中国与阿尔及利亚和埃塞俄比亚的双边民商事司法协助条约是在 2010 年后签订的，其他 3 个双边民商事司法协助条约都是在 2000 年前签订的。考虑到 2000 年中非合作论坛建立后，中非经贸往来快速发展，中非之间的民商事、刑事案件大量增加，而中非间双边民商事、刑事司法协助条约却没有相应的增加，这令人不可思议。

二是中非现有的双边民商事司法协助条约的一些规定还很不一致，不利于中国方面准确利用此类开展司法协助。例如，对于可以承认与执行的裁决的范围，中国与埃及、摩洛哥、突尼斯和埃塞俄比亚的双边民商事司法协助条约的规定将民事或商事判决、刑事案件中有关民事赔偿或返还财物的民事判决以及法院制作的调解书都纳入其中，但中国和阿尔及利亚的民商事司法协助条约规定的范围中却没有包括调解书；对于送达的文书范围不同，中非双边民商事司法协助条约的规定也不一致，

[①] 所谓"结构上不对称"是指中国仅同北部非洲 5 个国家签署有双边民商事司法协助条约，中国与东部非洲、西部非洲、南部非洲和中部非洲的国家还没有签署此类条约；所谓"重量上不平衡"是指中国同其他一些比较重要的非洲国家如尼日利亚、南非、肯尼亚、乌干达、刚果（金）等也没有签署此类条约。

例如，中国与埃塞俄比亚、阿尔及利亚和突尼斯的双边民商事司法协助条约仅提及司法文书的送达，而中国与埃及、摩洛哥的双边民商事司法协助条约规定可以送达的文书包括司法和司法外文书；对于文书送达和调查取证方式，中非双边民商事司法协助条约的规定也不一致，例如，中国和突尼斯、阿尔及利亚和埃塞俄比亚双边民商事司法协助条约规定，在不违反本国法律的前提下，可以按照请求方提出的特殊方式进行送达，但中国与埃及和摩洛哥的双边民商事司法协助条约对此没有相应的规定。中国和摩洛哥、突尼斯、阿尔及利亚和埃塞俄比亚双边民商事司法协助条约规定，在不违反本国法律的前提下，可按照请求方提出的特殊方式进行调查取证，但中国与埃及的双边民商事司法协助条约也没有对此作出规定。

三是中非现有的双边民商事司法协助条约中有的缺少相关规定，可能导致在开展司法协助时不易理解和把握。例如，在判决的承认和执行中，作出判决的法院是否对案件具有管辖权是一个重要的决定理由。如何确定作出判决的外国法院是否对案件具有管辖权有不同的标准。中国与摩洛哥和阿尔及利亚的双边民商事司法协助条约采用了根据被请求国法律来确定的标准，而中国与埃及、突尼斯和埃塞俄比亚的双边民商事司法协助条约则采用了根据条约的规定来确定的标准。如果根据被请求国的法律来判断作出裁决的法院是否对案件具有管辖权，会给判决的承认和执行带来很大的不确定性。在这种情况下，最好在双边条约中明确列明缔约双方各自法律中有关管辖权的规定。由于非洲国家法律制度的复杂性，在中非双边民商事司法协助条约中作出这样的安排更有必要。但更为可行的是，在双边民商事司法协助条约中直接就缔约双方法院的管辖权依据作出明确规定，这样既有利于法院在受理案件时确定自己是否可以对案件进行管辖，也有利于被请求国法院审查作出裁决的法院是否具有管辖权；在民商事司法协助中，公共政策发挥着

"安全阀"的作用。但公共政策是一个具有弹性、相当易变的概念，各国对公共政策有不同的规定和理解，极易给双方的司法协助带来不确定性。中非之间现有的5个双边民商事司法协助条约中都有公共政策的规定，然而它们都没有明确阐明缔约双方的公共政策的具体含义和规定，这在实践中可能会影响到司法协助的效率和结果。

此外，中非双边民商事司法协助条约在实施方面还存在效率低下、执行不力问题。从中非双边司法协助已有的实践来看，这方面的问题主要出现在非洲国家。例如，根据一项统计，在2004年至2010年上半年期间，埃及共请求中国代为送达民商事司法文书26宗，同期中国请求埃及送达民商事司法文书5宗。在埃及请求中国送达的26宗司法文书中，中国法院受托后有效送达14宗，未能送达12宗，送达成功率为52.84%，而中国请求埃及代为送达的5宗司法文书中，均无送达回证返回。①

第三节 中非双边刑事司法协助条约

刑事司法协助是指一国的法院或者其他的司法机关，根据另一国的法院或者其他司法机关的请求，代为或者协助实行与刑事诉讼有关的司法行为。和民事司法协助一样，刑事司法协助也是司法协助的一种。刑事司法协助也有狭义和广义之分。狭义上的刑事司法协助是指与审判有关的刑事司法协助，它包括送达刑事司法文书、询问证人和鉴定人、搜查、扣押、有关物品的移交以及提供有关法律资料等。广义上的刑事司法协助除了狭义上的刑事司法协助外，还包括引渡等内容。本报告采用的是广义上的刑事司法协助的概念。

---

① 沈红雨：《中非民商事司法协助制度的实践及相关问题研究》，《第二届中非合作论坛——法律论坛论文集》，2010年9月15—19日。

随着犯罪的跨国性特征日益明显，国际刑事司法协助逐渐受到国际社会的关注和重视，联合国不仅陆续通过了一系列国际刑事司法协助的条约文本（如《引渡示范条约》《刑事司法协助示范条约》《刑事诉讼移管示范条约》等），还在《联合国打击跨国有组织犯罪公约》和《联合国反腐败公约》中以较大篇幅调整国际刑事司法协助问题，推动各国国际刑事司法协助立法和司法的展开。①

中国也十分重视同世界其他国家的刑事司法协助。在中国人大相继批准《联合国禁止非法贩运麻醉药品和精神药物公约》《联合国打击跨国有组织犯罪公约》《联合国反腐败公约》的同时，中国人大相继表决通过并公布施行了《中华人民共和国引渡法》和《中华人民共和国国际刑事司法协助法》。这两部法律的出台能够促进中国对外引渡与刑事司法协助更加有效地开展和进行，也标志着中国刑事司法协助迈入了一个新的阶段。

如前所述，随着中非双边交流与合作日益频繁，中非之间发生的跨国犯罪案件也越来越多。但是，由于非洲国家大多数都坚持以条约为引渡前提，中国在根据互惠原则向对方提出国际刑事司法协助时，经常会遇到没有法律合作依据和死刑不引渡等具体制度严重分歧的障碍。② 这些问题亟待中国与非洲诸国缔结双边乃至多边国际刑事司法协助条约来解决。

截至目前，中国分别与突尼斯（1999 年 11 月 30 日签订，2000 年 12 月 30 日公布施行）、阿尔及利亚（2006 年 11 月 6 日签订，2009 年 9 月 22 日公布施行）、纳米比亚（2006 年 5 月 26 日签订，2009 年 9 月 19 日公布施行）、南非（2003 年 1 月 20 日签订，2004 年 11 月 17 日公布施行）签订了双边刑事司法协

---

① 张磊：《国际刑事司法协助热点问题研究》，中国人民公安大学出版社 2012 年版，第 1 页。

② 陈君：《中国与非洲六国双边引渡条约比较研究》，硕士学位论文，湘潭大学，2009 年。

助条约,且已生效;与肯尼亚(2017年5月15日签订)、刚果(布)(2016年7月5日签订)、毛里求斯(2018年9月2日签订)、摩洛哥(2016年5月11日签订)、塞内加尔(2018年7月21日签订)签订有双边刑事司法协助条约,但未生效;中国与埃及签署有《关于民事、商事和刑事司法协助的协定》(1994年4月21日签订,1995年5月31日公布施行);中国分别与突尼斯(2001年11月19日签订,2005年12月29日公布施行)、南非(2001年12月10日签订,2004年11月17日公布施行)、莱索托(2003年11月6日签订,2005年10月30日公布施行)、纳米比亚(2005年12月19日签订,2009年9月19日公布施行)、安哥拉(2006年6月20日签订,2013年10月17日公布施行)、阿尔及利亚(2006年11月6日签订,2009年9月22日公布施行)、埃塞俄比亚(2014年5月4日签订,2017年12月2日公布施行)签订有引渡条约,且已生效;中国已与津巴布韦(2018年9月5日签订)、肯尼亚(2017年5月15日签订)、刚果(布)(2016年7月5日签订)、毛里求斯(2018年9月2日签订)、摩洛哥(2016年5月11日签订)和塞内加尔(2018年7月21日签订)签订有引渡条约,但未生效。除了中国与埃及签署的《中华人民共和国和阿拉伯埃及共和国关于民事、商事和刑事司法协助的协定》和中国与突尼斯签署的《中华人民共和国和突尼斯共和国关于民事和商事司法协助的条约》外,中国与其他国家的刑事司法协助条约和引渡条约都是在2000年之后签署的。由此可见,在新千年以来,我国对于中非之间的国际刑事司法协助呈现越来越重视的态度。

尤其在近四年来,中非之间签订的双边刑事司法协助条约与引渡条约数量迅速增加,分别为5个和6个。只是由于暂未生效,相关文件并未公布。本部分将结合已经公布的、生效的双边刑事司法协助条约与引渡条约的内容来总结相关条约的异同点,并揭示其中所存在的问题。

一 中非刑事司法协助条约确立的原则

国际刑事司法协助虽然作为国家刑事法律制度的重要部分之一，但是其亦有与传统国内法律不同之处。所以，在签订刑事司法协助条约时，双方都需要遵守一些原则。总体来说，《中华人民共和国和阿拉伯埃及共和国关于民事、商事和刑事司法协助的协定》与《中华人民共和国和突尼斯共和国关于刑事司法协助的条约》，由于缔结的时间较早（20 世纪 90 年代），所以某些原则并没有体现在条约之中。2000 年之后，随着国际刑事司法协助理论的不断完善和实践的不断加深，有越来越多的原则体现于中国与非洲诸国缔结的刑事司法协助条约之中。

（一）双重犯罪原则

所谓双重犯罪，是指被请求引渡人所实施的行为，按照请求国和被请求国各自的国内法，或者按照请求国和被请求国共同参加的国际刑法公约的规定，均构成犯罪。[①] 这是"罪刑法定"原则在国际刑事司法协助中的体现。双重犯罪原则在全世界大部分国家之间的刑事法律协助条约里都有所规定，除非签署条约的两个或多个国家刑事法律制度相同或者有其他特殊情况。例如，《中华人民共和国和阿尔及利亚民主人民共和国关于刑事司法协助的条约》第 3 条第 1 款第 1 项规定：请求涉及的行为根据被请求方法律不构成犯罪，被请求方可以拒绝提供帮助。而《中华人民共和国和突尼斯共和国关于刑事司法协助的条约》更明确地将双重犯罪原则体现在第 1 条第 1 款：缔约双方应根据本条约的规定，在涉及根据缔约双方法律均构成应予惩处的犯罪行为的刑事程序方面相互提供司法协助。同时在第 1 条第 2 款强调不应考虑双方是否把构成该犯罪的行为归入同一犯罪种类或使用同一

[①] 於典：《我国刑法保护性管辖中的双重犯罪原则》，《法制与社会》2017 年第 32 期。

罪名以及双方在确定犯罪基本要素方面的差别。

(二) 非政治犯罪、非军事犯罪原则

政治犯罪在法律意义上是指行为人为达到某种政治目的而实施的针对国家政权或制度，破坏国家政治秩序和严重破坏国家社会秩序的犯罪行为。引渡作为一种特殊的国际刑事司法协助，"政治犯不引渡"原则也被各国缔结的引渡条约所接受。军事犯罪是指违反军人职责，危害国家军事利益，应受到刑罚的犯罪行为。在国际刑事司法协助中，如存在涉及政治犯罪、军事犯罪的刑事司法协助，被请求国可以拒绝或者推迟。

例如，《中华人民共和国和南非共和国关于刑事司法协助的条约》的第3条第1款第2、3项分别规定：被请求国认为请求涉及的犯罪是政治犯罪，请求涉及的犯罪根据请求国法律纯属军事犯罪，被请求国可以拒绝提供协助。当然，有的条约针对此原则规定的更为详细，如《中华人民共和国和突尼斯共和国关于刑事司法协助的条约》的第2条第4款规定：为适用本条第1款第1项的目的，侵害任何缔约一方的国家元首、政府首脑或其家庭成员生命的犯罪不得被视为政治犯罪。再如《中华人民共和国和阿尔及利亚民主人民共和国关于刑事司法协助的条约》的第3条第1款第2项规定：请求涉及的犯罪是政治犯罪，但恐怖主义犯罪和双方均为缔约国的国际公约不认为是政治犯罪的除外。这3个条约中的规定都体现了随着各国间合作不断加强，在"政治犯罪"概念上，国际上出现缩小的趋势。[①]

但并不是所有中非刑事司法协助条约里都存在非军事犯罪原则。如《中华人民共和国和阿拉伯埃及共和国关于民事、商事和刑事司法协助的协定》的第29条只规定了被请求国认为请求所涉及的犯罪是政治犯罪的时候可以拒绝提供刑事司法协助，

---

① 陈君：《中国与非洲六国双边引渡条约比较研究》，硕士学位论文，湘潭大学，2009年。

但是没有涉及军事犯罪。

（三）基于人权保护拒绝提供协助原则

该原则主要是基于对人格平等、宗教信仰自由、政治权利和自由等人权进行保护。该原则在除了中国与埃及缔结的司法协助条约中没有相关规定外，中国与其他非洲国家的双边刑事司法协助条约中都有规定此原则的条款。如《中华人民共和国和阿尔及利亚民主人民共和国关于刑事司法协助的条约》的第3条第1款第4项规定：被请求方有充分理由认为，请求的目的是基于某人的种族、性别、宗教、国籍或者政治见解而对该人进行侦查、起诉、处罚或者其他诉讼程序，或者该人在司法程序中的地位将会因为上述任何原因受到损害，被请求方可以拒绝提供协助。

（四）本国国民不引渡原则

本国国民不引渡原则是指当被请求国接收到的协助请求涉及本国国民时，被请求国可以拒绝提供协助的原则。该原则在其他引渡条约中体现的更多，但是在中国和非洲国家缔结的刑事司法协助条约中体现较少。如《中华人民共和国和阿拉伯埃及共和国关于民事、商事和刑事司法协助的协定》的第29条第1款第3项规定：在提出请求时，该项请求所涉及的罪犯或嫌疑人具有被请求的缔约一方的国籍，并且不在提出请求的缔约一方境内，被请求缔约的一方可以拒绝提供刑事司法协助。也就是说，如果犯罪嫌疑人或者罪犯具有被请求的缔约一方的国籍，且在提出请求的缔约一方的境内，那么按照条约要求，被请求一方还是要提供相应的刑事司法协助的。可见该条规定限制了本国国民不引渡原则的适用范围。中国与其他非洲国家缔结的刑事司法协助条约没有类似的规定。

（五）一事不再理原则

该原则指的是对不论是有罪还是无罪判决，作出产生法律效力的判决后不允许对同一行为再启动新的程序。这个原则在中国同非洲国家缔结的刑事司法协助条约中有所体现。如《中华人民共和国和阿尔及利亚民主人民共和国关于刑事司法协助的条约》第3条第1款第5项规定：被请求方已经就请求涉及的犯罪对该人进行侦查、起诉、定罪或者宣告无罪后，被请求方可以拒绝提供协助。中国与南非、纳米比亚缔结的刑事司法协助条约也有相应条款体现一事不再理原则，但是其适用范围较小，仅适用于"就同一犯罪正在进行刑事诉讼，或者已经终止刑事诉讼，或者已经作出终审判决"的情形。中国与埃及、突尼斯缔结的刑事司法协助条约里没有有关该原则的规定。

（六）无实质联系原则

中国与纳米比亚和南非缔结的刑事司法协助条约均在第3条第1款第6项规定：被请求方认为，请求提供的协助与案件缺乏实质联系，被请求方可以拒绝提供协助。从本条规定里可以看出，不需要有确凿证据证明无实质联系，只要被请求国认为不存在实质联系，就可以依据此项拒绝推迟协助。但是，被请求国运用此条规定拒绝提供刑事司法协助的案例较少，这也说明了在实践中被请求国在采用此规定拒绝提供刑事司法协助时较为谨慎。

（七）不损害和违反被请求国国家利益及公共利益或本国法律原则

《中华人民共和国和纳米比亚共和国关于刑事司法协助的条约》第3条第1款第7项规定：被请求方认为，执行请求将损害本国主权、安全、公共秩序或者其他重大公共利益或者违背其国内法的基本原则，被请求方可以拒绝提供协助。中国与南非和阿尔及利亚缔结的刑事司法协助条约也有此规定。

二 中非刑事司法协助的一般程序

国际刑事司法协助可以理解为本国刑事诉讼的国际化，通过缔结条约使本国的司法权力借助他国国家强制力得以实现，是国家司法权的域外延伸。也就是说，国际刑事司法协助条约主要规定的内容就是解决跨国犯罪和跨境追赃的程序问题。其中，送达文书和调取证据是我国缔结的司法协助条约中确定的进行刑事司法协助的主要形式。① 其他形式还包括证人和鉴定人的出庭作证及对其保护；在押人员的出庭作证；查询、搜查、冻结、管制、扣押、移交赃款赃物等。

（一）送达文书

刑事司法协助中的委托送达司法文书是指各国司法当局将正在开展刑事司法协助的案件的有关司法文件，按照一定的程序和方式，相互委托送交给在对方国内的当事人或者其他诉讼参与人的司法活动。一般说来，这里的司法文书包括刑事诉讼过程中由司法机关制作或签发的各种法律文件或文书，如传票、出庭通知、判决书或裁决书等。还包括司法外文书，如司法文书以外的与特定刑事诉讼程序有关的各种书面或文字记录，如身份证明、各种公证文书、来往信函等。② 文书送达的作用在于帮助诉讼当事人以及其他有关人员相互沟通、及时了解诉讼活动的进展情况，以便诉讼主体通过诉讼维护自己的合法权益。

中国与突尼斯、南非和纳米比亚缔结的刑事司法协助条约都规定被请求方应当根据本国法律并依请求，送达请求方递交的文书，但是对于要求某人作为被告出庭的文书，被请求方不负有执行送达的义务。被请求方在适时送达后，应当向请求方出具送达证明，在不能送达时，应当通知请求方并且说明原因。③

---

① 田雷：《中非司法协助初探》，硕士学位论文，湘潭大学，2008年。
② 同上。
③ 《中华人民共和国和突尼斯共和国关于刑事司法协助的条约》第7条；《中华人民共和国和南非共和国关于刑事司法协助的条约》第7条；《中华人民共和国和纳米比亚共和国关于刑事司法协助的条约》第7条。

《中华人民共和国和阿尔及利亚民主人民共和国关于刑事司法协助的条约》则对"根据本国法律送达文书"有所松动,其第7条第3款规定:应请求方明确要求,也可在其法律允许的情况下,以请求方要求的方式执行送达请求。《中华人民共和国和阿尔及利亚民主人民共和国关于刑事司法协助的条约》还对送达要求某人出庭的文书的请求时效作出明确规定,即应当在不迟于其出庭日六十天前向被请求方提出。在紧急情形下,被请求方可以同意较短的期限。① 中国与埃及缔结的刑事司法协助条约没有对文书的送达作出这么详细的规定,它只是规定了送达文书时所需要的证明条件,即"应根据被请求的缔约一方的送达规则予以证明",且"应注明送达时间、地点和受送达人"。②

(二) 调取证据

调查取证是开展刑事追诉活动的中心环节。在国际刑事司法协助中,相互代为调查和收集有关涉外刑事案件的证据,始终是各国之间在国际刑事司法协助中最经常最普遍采用的合作形式。③

《中华人民共和国和突尼斯共和国关于刑事司法协助的条约》对此并没有提及,《中华人民共和国和阿拉伯埃及共和国关于民事、商事和刑事司法协助的协定》中刑事司法协助部分对它的规定也较为简单,与民事和商事司法协助共用一个调取证

---

① 《中华人民共和国和阿尔及利亚民主人民共和国关于刑事司法协助的条约》第7条第2款。

② 《中华人民共和国和阿拉伯埃及共和国关于民事、商事和刑事司法协助的协定》第30条。

③ 田雷:《中非司法协助初探》,硕士学位论文,湘潭大学,2008年。

据的程序。① 但是由此产生了问题：刑事诉讼往往运用国家强制力对犯罪嫌疑人或者被告人的人身权利进行暂时的剥夺或者限制，某些案件也会涉及国家利益和社会公共利益，如果请求方将被请求方调查得来的证据用于其他案件或者其他方面，这会在一定程度上损害被请求国的司法主权。

中国与南非、阿尔及利亚缔结的刑事司法协助条约对调取证据规定得较为详细。两个条约都规定：1. 被请求国应当根据本国法律并依请求，调取证据并移交给请求国；如果请求涉及移交文件或者记录，被请求国可以移交经证明的副本或者影印本。2. 在请求国明示要求移交原件的情况下，被请求国应当尽可能满足此项要求。3. 在遵守被请求国法律的前提下，根据本条移交给请求国的文件和其他资料，应当按照请求国要求的形式予以证明，以便使其可以依请求国法律得以接受。② 关于通过指明人员取证的规定，两个条约的规定有所不同。中国和南非刑事司法协助条约规定：被请求方在不违背本国法律的范围内，应当同意请求中指明的人员在执行请求时到场，并允许这些人员通过被请求方主管机关的人员向被取证人员提问，为此目的，被请求方应当及时将执行请求的时间和地点通知请求方。③ 而《中华人民共和国和阿尔及利亚民主人民共和国关于刑事司法协助的条约》则规定，被请求国在不违背本国法律的范围内，"可以同意请求中指明的人员在执行请求时到场，并允许这些人员通过被请求方主管机关人员向被取证人员提问"。从

---

① 《中华人民共和国和阿拉伯埃及共和国关于民事、商事和刑事司法协助的协定》第 31 条。
② 《中华人民共和国和南非共和国关于刑事司法协助的条约》第 8 条；《中华人民共和国和阿尔及利亚民主人民共和国关于刑事司法协助的条约》第 8 条。
③ 《中华人民共和国和南非共和国关于刑事司法协助的条约》第 8 条第 4 款。

这条的措辞("可以")来看,它允许被请求国有一定的自由裁量权。

《中华人民共和国和纳米比亚共和国关于刑事司法协助的条约》规定的更详细,除上述条款以外还规定:经被请求方同意,在执行请求时,到场的在请求中被指明的人员可以对程序作逐字记录并为此目的使用技术手段。被请求方也可以在法律允许的范围内通过技术手段将依照请求执行到的证据提供给请求方。[①] 这可以使现目前技术的发展应用于刑事司法协助之中,丰富了调取证据的提供手段。

在双边刑事司法协助条约里还会对保密和限制使用被请求国调查得来的证据进行某些强制性规定。如《中华人民共和国和纳米比亚共和国关于刑事司法协助的条约》第6条规定:"如果请求方提出要求,被请求方应当依据其国内法律的基本原则对请求,包括内容、辅助文件和根据请求所采取的任何行动予以保密。如果被请求方提出要求,请求方应当依据其国内法律的基本原则对被请求方提供的资料和证据予以保密,或者仅在被请求方指明的条件下使用。"

(三)证人和鉴定人的出庭作证

对于涉及跨国犯罪的刑事诉讼,当需要外国公民出庭作证时,两个国家可以通过国际刑事司法协助的方式与渠道来解决。对于请求国请求某人到场作证、鉴定或协助调查的程序审查,《中华人民共和国和突尼斯共和国关于刑事司法协助的条约》规定得最为详尽。根据规定,请求方需要采取必要措施保证被要求到场的人员的安全,且在要求到场的通知中不得包含任何强制措施或予以处罚的内容,还要提及需要支付的费用和津贴,并在离预定到场之日至少六十天前递交给被请求方,同时被要

[①] 《中华人民共和国和纳米比亚共和国关于刑事司法协助的条约》第8条第6款。

求到场的人员自愿并以书面形式表示同意，这样才可以让被请求方同意该请求。①

不过，《中华人民共和国和突尼斯共和国关于刑事司法协助的条约》没有规定拒绝作证的程序。中国和纳米比亚、阿尔及利亚和南非的刑事司法协助条约则对此作出了类似规定：如果被请求国或被请求国法律允许或要求该人拒绝作证的，可以拒绝作证；如果被要求作证的人主张依请求国法律有拒绝作证的权利或义务，被请求国应当将请求国主管机关的说明书视为该项权利或者义务存在的证据。②而中国与埃及缔结的刑事司法协助部分只在第 11 条第 1 款的后半部分规定，如果证人或鉴定人拒绝出庭作证，被请求方应通知请求方。

对于证人、鉴定人出庭作证的保护，中国和摩洛哥、纳米比亚、阿尔及利亚、埃及和南非之间的刑事司法协助条约规定得较为一致。它们的核心内容就是证人、鉴定人到请求国作证享有刑事责任豁免权。请求方对于到达其境内的证人或者鉴定人，不得因该人入境前的任何作为或者不作为对其进行侦查、起诉、羁押、处罚，或者采取其他限制人身自由的措施，除非事先取得被请求方和该人的同意。但这个刑事责任豁免权是有期间限制的。除了《中华人民共和国和阿尔及利亚民主人民共和国关于刑事司法协助的条约》要求是被正式通知无须继续停留后十五天内未离开请求方或离开后又自愿返回以外，其他条约都规定为三十天，或者离开后又自愿返回，则不再具有刑事责任豁免权。当然，此处所说的期间限制都不包括该人因其无

---

① 《中华人民共和国和突尼斯共和国关于刑事司法协助的条约》第 8 条第 2 款。

② 《中华人民共和国和南非共和国关于刑事司法协助的条约》第 9 条；《中华人民共和国和阿尔及利亚民主人民共和国关于刑事司法协助的条约》第 9 条；《中华人民共和国和纳米比亚共和国关于刑事司法协助的条约》第 9 条。

法控制的原因无法离开请求方领土的期间。《中华人民共和国和阿拉伯埃及共和国关于民事、商事和刑事司法协助的协定》刑事司法协助部分除上述规定外，还在第 11 条第 1 款规定：即使在请求送达的出庭传票中包括一项关于刑罚的通知，证人或鉴定人不得因其未答复该项传票而受到惩罚或限制，除非他随后自愿进入提出请求的缔约一方境内并再次经适当传唤。由此可以看出中国和埃及刑事司法协助部分对证人、鉴定人的保护更加全面、细致。

（四）在押人员的出庭作证

在押人员的出庭作证也是国际刑事司法协助的重要内容之一，因为它涉及要将在押人员转移给请求国，其中的程序性问题也较为复杂。此处的"在押人员"既包括因有犯罪嫌疑而被羁押的犯罪嫌疑人，也包括已经被判处刑罚正在服刑期间的服刑人员以及遭受行政拘留的违法人员。

中国和南非、阿尔及利亚、纳米比亚刑事司法协助条约在这方面的规定基本一致：被请求方可以根据请求方请求，经过"被请求方同意以及被移送人同意"的双重同意机制，即可实行。如果被移送人需要依照被请求方法律应当被予以羁押，那请求方应当将其羁押。被移送人在请求方被羁押的期间应当折抵在被请求方判处的刑期。①《中华人民共和国和突尼斯共和国关于刑事司法协助的条约》没有对折抵刑期作出明确规定，但规定如果被请求方通知请求方无须继续羁押被移交的人员，则该人应予释放。《中华人民共和国和纳米比亚共和国关于刑事司法协助的条约》第 11 条第 5 款有类似规定。

《中华人民共和国和阿拉伯埃及共和国关于民事、商事和

---

① 《中华人民共和国和南非共和国关于刑事司法协助的条约》第 11 条；《中华人民共和国和阿尔及利亚民主人民共和国关于刑事司法协助的条约》第 11 条；《中华人民共和国和纳米比亚共和国关于刑事司法协助的条约》第 11 条。

刑事司法协助的协定》签署得最早，对在押人员出庭作证规定得也最为严格。如果存在在押人员本人拒绝、因对该人提起刑事诉讼而要求该人留在被请求的缔约一方、移送可能延长该人的羁押等特殊情况，被请求国可以拒绝移送。在在押人员被移送后，"不得因该人离开被请求的缔约一方领土前的犯罪行为、指控或判决而对该人提起诉讼"。[①] 这也是"属地原则"的要求，即一国领域内的本国公民或者外国人犯的罪，都应当适用本国刑法。如果请求国对被移送人在被请求国领土上的犯罪行为、指控或判决进行诉讼，则侵犯了被请求国的司法主权。

（五）赃款赃物的处置

在国际刑事司法协助中，应请求国请求，被请求国通过何种手段获取赃款赃物并如何处置这些赃款赃物，也是亟待解决的问题。中国和突尼斯、纳米比亚、阿尔及利亚和南非的刑事司法协助条约都规定，被请求方应当在本国法律允许范围内，执行查询、搜查、冻结、限制和扣押作为证据的财物的请求，并将执行的结果提供给请求方。在请求方满足被请求方的要求后，被请求方可以将被扣押财物移交给请求方。同时，其他人对被冻结或扣押的财物的合法权利应受到保护。《中华人民共和国和阿拉伯埃及共和国关于民事、商事和刑事司法协助的协定》刑事司法协助部分非常简单地规定了赃款赃物的移交程序，它还有一条其他条约中所没有的规定：如果上述赃款赃物对于被请求的缔约一方境内其他未决刑事诉讼案件的审理时必不可少的，则被请求的缔约一方可以暂缓移交。[②]

[①] 《中华人民共和国和阿拉伯埃及共和国关于民事、商事和刑事司法协助的协定》第13条第4款。

[②] 《中华人民共和国和阿拉伯埃及共和国关于民事、商事和刑事司法协助的协定》第32条第2款。

三 中国和非洲国家间的引渡条约

引渡作为国际刑事司法协助的一种特殊形式,是指一国应他国的请求,将在本国境内的而被他国指控为犯罪或已被他国判刑的人,移交该请求国追诉和处罚的制度。[1] 在国际法上,国家没有必须引渡的义务,引渡的法律依据为双边引渡条约、含有引渡条款的国际公约以及相关国内立法,中国与非洲国家关于引渡的主要合作方式为双边引渡条约。[2]

目前,中国已经与突尼斯、莱索托、纳米比亚、南非、阿尔及利亚、安哥拉、埃塞俄比亚7个国家分别缔结了双边引渡条约并公布施行。对于国际刑事司法协助所要遵循的原则对于引渡也同样适用,比方说"本国公民不引渡"原则、"双重犯罪原则"、"非政治犯罪、军事犯罪原则"等等。但是,引渡相对于国际刑事司法协助的其他形式来说,对于请求所针对的追诉对象具有最为不利的强制性。[3] 因此,引渡条约大都规定了更为严格的适用条件。

(一)引渡条件

引渡的条件分为必要条件和排除条件,排除条件又可以分为强制性排除条件和任意性排除条件。必要条件是指为获得对引渡的准予必须具备的条件,而排除条件是指那些一旦出现将导致引渡请求必须或可被拒绝的条件。[4] 缔约一方的引渡请求,只有在满足引渡的必要条件且不存在拒绝引渡的排除条件时,

---

[1] 黄芳:《美国引渡制度研究》,《法律适用》2019年第15期。

[2] 田雷:《中非司法协助初探》,硕士学位论文,湘潭大学,2008年。

[3] 黄风:《中国引渡制度研究》,中国政治大学出版社1997年版,第23页。

[4] 陈君:《中国与非洲六国双边引渡条约比较研究》,硕士学位论文,湘潭大学,2009年。

才能得到被请求方的准许。① 必要条件一般都需要符合上述"双重犯罪原则",且所犯之罪还需要符合引渡条约的规定的其他要求。例如,中国和纳米比亚引渡条约规定,该犯罪可以判处至少一年的有期徒刑或更重刑罚,或者尚未服完的刑期至少有六个月。②

如果引渡请求存在有引渡条约规定的应当拒绝引渡的理由,则被请求方就必须拒绝作出引渡。如果引渡请求存在有引渡条约规定的可以拒绝引渡的理由,则被请求方可行使自由裁量权酌定是否作出引渡。从中国和上述非洲国家签订的引渡条约来看,应当拒绝引渡的理由基本上都包括了以下几项:引渡请求针对的是政治犯罪或军事犯罪;基于人权保护的理由不予引渡;基于"一事不再理"的原则拒绝引渡;基于"本国国民不予引渡"的理由拒绝引渡;追诉时效已过或被请求引渡人已被赦免;或基于缺席审判不予引渡等。前三种理由在论述国际刑事司法协助的问题时已经有过详细说明,故不再赘述。下面仅就因时效已过或已被赦免理由和基于缺席审判不予引渡理由做一分析。

追诉时效已过或已被赦免都以犯罪已经成立并且曾经具备可追诉性或可惩罚性为前提。③ 一旦追诉时效已过或者受到了赦免,其可追诉性或可惩罚性就不复存在,使原来存在的犯罪被消灭,被请求引渡人应该被拒绝引渡。中国和上述 7 个非洲国家签订的引渡条约都规定了这一强制性排除条件。不过,中国和突尼斯、阿尔及利亚、安哥拉和埃塞俄比亚签订的引渡条约对判断被请求引渡人是否因时效已过或者赦免而免于刑事追诉

---

① 黄风:《〈中华人民共和国引渡法〉评注》,中国法制出版社 2001 年版,第 29 页。

② 《中华人民共和国和纳米比亚共和国引渡条约》第 2 条第 2 款。

③ 陈君:《中国与非洲六国双边引渡条约比较研究》,硕士学位论文,湘潭大学,2009 年。

或惩处,依据的是"任何一方法律"①,而中国同南非、莱索托和纳米比亚的引渡条约在判断是否存在这一情况时,依据的是"请求国的法律"②。

《联合国引渡示范条约》把"缺席审判"列为拒绝引渡的强制性理由之一③,这在国际范围内得到了承认。但是在中国与非洲国家缔结的引渡条约中,只有中国和阿尔及利亚、突尼斯、安哥拉和埃塞俄比亚的引渡条约中有相关规定。例如,中国和阿尔及利亚引渡条约第3条第8款规定,在请求方根据缺席审判提出引渡请求时,被请求方应当拒绝作出引渡,但请求方给予被请求引渡人在引渡后在其出庭的情况下重新审判机会的除外。

中国与非洲国家缔结的引渡条约大都规定,如果被请求国对请求引渡的犯罪具有管辖权,且已准备或正在进行刑事诉讼,或者出于人道主义考虑,被请求国可以拒绝引渡请求。例如,《中华人民共和国和埃塞俄比亚联邦民主共和国引渡条约》第4条规定,有下列情形之一的,可以拒绝引渡:被请求国根据本国法律对引渡请求所针对的犯罪具有刑事管辖权,并且对被请求引渡人就该犯罪正在进行刑事诉讼或准备提起刑事诉讼;被请求方在考虑了犯罪的严重性和请求方利益的情况下,认为由于被请求引渡人的年龄、健康或者其他人身原因,引渡不符合人道主义考虑。

---

① 《中华人民共和国和突尼斯共和国引渡条约》第3条第3款;《中华人民共和国和阿尔及利亚民主人民共和国引渡条约》第3条第6款;《中华人民共和国和安哥拉共和国引渡条约》第3条第5款;《中华人民共和国和埃塞俄比亚联邦民主共和国引渡条约》第3条第4款。

② 《中华人民共和国和南非共和国引渡条约》第3条第3款;《中华人民共和国和莱索托王国引渡条约》第3条第3款;《中华人民共和国和纳米比亚共和国引渡条约》第3条第3款。

③ 联合国网: https://www.un.org/zh/documents/treaty/files/A-RES-45-116.shtml, visited on August 21, 2019。

还有一种情况可以成为拒绝引渡的理由，即请求方可能判处的刑罚与被请求方的基本原则相冲突。只有中国与纳米比亚和南非的引渡条约里有这样的规定。① 笔者认为这两个条约之所以作出这样的规定，可能是因为纳米比亚和南非都废除了死刑，而中国还保留死刑作为最严厉的刑罚。这样，如果中国向纳米比亚或南非提出的引渡请求中，被请求引渡人被指控的犯罪可能被处以死刑，则纳米比亚或南非就可以依此规定拒绝引渡。

（二）引渡程序

1. 提出引渡请求

大部分国家都采取书面形式向被请求国提出引渡请求，中国和非洲国家之间的引渡请求也不例外。在中国与非洲国家缔结的引渡条约均要求书面形式，但这些条约有关联系机关的规定各不相同。中国与纳米比亚、南非、安哥拉、莱索托和埃塞俄比亚的引渡条约都规定中国方面的联系机关均为外交部，纳米比亚方面的联系机关为司法部，南非方面的联系机关为司法及宪法发展部、安哥拉和埃塞俄比亚方面为司法部、莱索托方面为外交部。《中华人民共和国和南非共和国引渡条约》还规定除了缔约国机关之间直接联系，也不排除通过外交途径进行联系。②《中华人民共和国和阿尔及利亚民主人民共和国引渡条约》规定，引渡请求应当通过外交途径以书面形式提出，双方都没有具体指定中央机关。③《中华人民共和国和突尼斯共和国引渡条约》在这方面的规定也很特别，它规定通过外交途径或者直接通过缔约双方指定的机关

---

① 《中华人民共和国和南非共和国引渡条约》第 4 条第 2 款；《中华人民共和国和纳米比亚共和国引渡条约》第 4 条第 3 款。

② 《中华人民共和国和南非共和国引渡条约》第 6 条第 2 款。

③ 《中华人民共和国和阿尔及利亚民主人民共和国引渡条约》第 6 条。

递交引渡请求，而这个指定机关在突尼斯方面为司法部，但在中国方面则为随后通过交换函件指定的机关。① 为了实现联系机关的方便和对等，也可以指定司法部作为中国与突尼斯的联系机关。

向被请求国提交相关的引渡请求，需要提供一些相关文件。中国和莱索托、南非、纳米比亚和埃塞俄比亚的引渡条约对这些文件进行了分类规定。分别为：（1）基础性文件，如请求机关名称、被请求引渡人的资料、主管机关对引渡请求所针对的犯罪行为的概述、相关法律条文的说明或复印件，中国和纳米比亚引渡条约还要求请求国需对法律规定是否有效、引渡请求所针对的犯罪行为是否因已过时效而被禁止、是否对该犯罪行为具有管辖权而作出说明。（2）为追诉犯罪而请求引渡该人的文件。如逮捕证、刑事起诉书或控告书副本、现有证据摘要和根据该证据足以证明有理由起诉该人的说明。（3）为请求引渡已被定罪的人的文件。如主管机关对该人被定罪行为的说明以及对该人判刑的文件副本、主管机关对未执行刑期的说明。其中基础性文件是必须提交的，另外两类文件的提交主要取决于请求国对该引渡请求所针对的犯罪行为进行到了哪个刑事程序阶段。中国和突尼斯、阿尔及利亚和安哥拉的引渡条约虽然没有分类规定，但是它们的内容基本一致。中国和突尼斯、阿尔及利亚引渡条约还规定，对于缺席审判定罪的，应当附带关于该人缺席情况的材料、关于上诉权利的材料，以及上诉或者重审形式的详细资料。②

中国和上述7个非洲国家的引渡条约都规定，如果被请求

---

① 《中华人民共和国和突尼斯共和国引渡条约》第10条。
② 《中华人民共和国和阿尔及利亚民主人民共和国引渡条约》第6条第2款第3项；《中华人民共和国和突尼斯共和国引渡条约》第11条第9项。

国认为资料不充分,则请求国可以在规定期限之内补充资料。如果请求国未在规定期限内进行补充,可被视为放弃请求,但不妨碍请求国就同一犯罪重新提出引渡请求。

2. 临时羁押

中国和非洲国家的引渡条约也都规定了临时羁押程序。根据规定,在紧急情形下,作为一项正式引渡请求前的措施,缔约双方可以请求临时羁押被请求引渡人。临时羁押一般是在较为紧急的情况下,如果等待正式的引渡请求到达被请求国审查完毕后再进行拘留、逮捕,则可能会使犯罪嫌疑人逃脱或犯罪所得和犯罪工具遭到毁坏,所以通过这样的规定,可以利用迅速直接的程序先暂时剥夺犯罪嫌疑人的人身自由。

中国和上述7个非洲国家的引渡条约对于临时羁押需要的文件都做了大体一致的规定。除上述引渡请求所需要的基础性文件外,还应提交一份关于随后将提出引渡请求的声明。被请求国应该迅速将其根据临时羁押申请所采取的措施通知请求方,以便请求方采取下一步的行动。临时羁押也是有期限的,如果期限已到而未收到正式引渡请求则应当解除临时羁押,但是后来收到正式引渡请求,即使解除了临时羁押,并不妨碍被请求引渡人的引渡。

3. 引渡请求的竞合

引渡请求竞合是指数个国家针对同一人分别提出引渡请求。中国和南非、安哥拉、纳米比亚的引渡条约对此规定得较为简单,仅仅是由被请求国决定将该人引渡给哪个国家,并将其决定通知上述各国。但是,具体采用什么标准并没有在上述三个条约中明文规定出来。而中国和阿尔及利亚、突尼斯、莱索托、埃塞俄比亚的引渡条约则明文规定了以下几个标准:(1)是否存在条约关系。如果请求方和被请求方存在双方或多方引渡条约关系,则可以优先进行考虑。(2)当引渡请求涉及不同犯罪时不同犯罪的严重性。引渡请求所针对的犯罪越严重，被请求国越应该对该国的请求优先考虑。这也是从正义与公平角度出发所应该得到的结果。（3）犯罪地点。此处的犯罪地点包括犯罪行为发生地和犯罪结果产生地，如果不同国家提出的引渡请求均针对的是同一犯罪，那么被请求国可参照此标准，判断哪一个请求国更加符合。（4）收到引渡请求的日期先后。按照引渡请求的时间先后来接受哪个请求国的引渡请求。在其他标准都不能有效比较之时，采用此标准比较有说服力。（5）被请求引渡人的国籍。根据属人管辖的原则，根据被请求引渡人的国籍同意该国的引渡请求，可以让被请求引渡人在本国审判之时得到更好的权利保障。若被判处刑罚，其本国的国内环境也有助于其改造。（6）再引渡到第三国的可能性。许多引渡条约都规定，未经被请求国同意，请求国不得擅自将被请求引渡人再引渡给第三国。如果存在这种可能性，请求国的引渡请求可能不会被优先考虑。

4. 引渡的执行

移交被请求引渡人是整个引渡程序的最后环节，也是最核心的实质性执行环节。中国和上述7个非洲国家的引渡条约都规定，如准予引渡，被请求国应当根据缔约国双方主管机关商定的安排移交被引渡人。中国《引渡法》第38条规定，引渡由公安机关执行。对于国务院决定准予引渡的，外交部应当及时通知公安部，并通知请求国与公安部约定移交被请求引渡人的时间、地点、方式以及执行引渡有关的其他事宜。该法第51条也规定，公安机关负责接收外国准予引渡的人以及与案件有关的财物。所以不管是将被请求引渡人从中国引渡到他国，还是将被请求引渡人从他国引渡到我国，在中国负责移交事务的均为公安机关。

上述7项引渡条约还规定请求国应该在被请求国确定的合理期间内接收被引渡人。但每项条约规定的期间不同，如果请求国在此期间没有接收被引渡人,除非有其他规定,被请求国可以拒绝就同一犯罪引渡该人。当然,如果缔约一方因无法控制的原因不能在约定的期限内移交或接收被请求引渡人,该缔约方应该通知缔约另一方,并商定新的日期。

上述 7 项引渡条约也规定了暂缓移交和临时移交程序。这主要是针对被请求引渡人在被请求国因与引渡请求所指控的犯罪不同的犯罪行为而被提起诉讼或正在服刑的情况。在此种情况下,被请求方可以在作出同意引渡的决定后,暂缓移交直至诉讼终结或者判决的全部或者任何部分执行完毕,或者被请求方可以在其法律允许的范围内,根据双方确定的条件,将该被请求引渡人临时移交请求方以便提起刑事诉讼。对被请求引渡的人,请求方应予羁押,并在完成针对该人的诉讼程序后将其送还被请求方。

针对引渡过程中可能出现的特殊情况,《中华人民共和国和埃塞俄比亚联邦民主共和国引渡条约》还专门规定了重新引渡程序。根据该条约第 12 条规定,被引渡人在请求方的刑事诉讼终结或者服刑完毕之前逃回被请求方的,被请求方可以根据请求方再次提出的相同的引渡请求准予重新引渡,并不得要求请求方提交本条约第 6 条规定的文件和材料。中国与其他 5 个非洲国家的引渡条约没有这一规定。

四 中非双边刑事司法协助条约及引渡条约存在的问题

上面简单分析了中非双边刑事司法协助条约和引渡条约的相关内容,通过上面的分析,可以看出目前中非双边刑事司法协助条约和引渡条约还存在如下问题:

(一) 缔约数量还比较少

目前,非洲存在着 54 个国家和地区。但是,中国仅与阿尔及利亚、南非、突尼斯和埃及(《中华人民共和国和阿拉伯埃及共和国关于民事、商事和刑事司法协助的协定》)等 5 个非洲国家存在有效的刑事司法协助条约，仅与阿尔及利亚、埃塞俄比亚、安哥拉、纳米比亚、莱索托、南非和突尼斯 7 个非洲国家存在有效的引渡条约。此外，中国还与肯尼亚、刚果（布）、毛里求斯、摩洛哥和塞内加尔 5 个非洲国家签订有刑事司法协助条约，与津巴布韦、肯尼亚、刚果（布）、毛里求斯、摩洛哥和塞内加尔 6 个非洲国家签订有引渡条约，但它们都还未生效。可见，与中国存在有效刑事司法协助条约和引渡条约的非洲国家的数量还非常少，而从前面对中非之间的案件的分析来看，中非之间发生的刑事案件很多，且日益增加。这种情况不利于利用刑事司法协助条约和引渡条约很好地打击中非之间的跨国犯罪。特别是中国还没有与经贸往来频繁、刑事案件较多的非洲国家签订此类条约，或虽已签订此类条约但尚未生效。例如，近年来中国法院受理的涉及刚果（金）国民和尼日利亚国民的刑事案件很多，但中国和这两个国家都还没有签订刑事司法协助条约和引渡条约；在安哥拉、肯尼亚等一些非洲国家发生的针对中国人的刑事案件在近几年也呈上升趋势，但中国和安哥拉还没有签订刑事司法协助条约，中国和肯尼亚虽已签订刑事司法协助条约和引渡条约，但都还未生效。

从时间上看，在 2000 年前，中国仅与突尼斯、埃及 2 个非洲国家签订了刑事司法协助条约，2000 年后中国与非洲国家签订的刑事司法协助条约和引渡条约的数量有了大幅增长。特别是近几年来，中国更是加快了与非洲国家签订此类条约的步伐。例如，自 2016 年迄今，中国与津巴布韦、肯尼亚、刚果（布）、毛里求斯、摩洛哥、塞内加尔 6 个非洲国家又签订了刑事司法协助条约或引渡条约。这表明中国对与非洲国家签订刑事司法协助条约和引渡条约工作的重视，但问题是，中国近年来与非洲国家签订的此类条约都还未生效。为了有效打击跨国犯罪，中国应尽快推动将这些条约落实生效。

在目前的情况下，中国国内的一些犯罪嫌疑人在犯罪后可能潜逃到与中国没有签订双边刑事司法协助条约或者引渡条约的非洲国家，以减小被引渡或被采取其他刑事协助措施的风险。例如，因伙同他人，伪造海运提单、签订购销合同等虚假材料，向衢州市国家税务局申报出口退税，涉嫌骗取国家退税款600余万元被立案侦查的"红通人员"郭某某潜逃至加纳;[①] 因涉嫌利用职务便利，在大敦村工程项目建设过程中收受巨额贿赂的吴某某潜逃出境至几内亚比绍等。[②] 当然，即使犯罪嫌疑人潜逃至没有与中国签订双边刑事司法协助条约、引渡条约的非洲国家，中国仍然可以通过遣返、劝返等非正式的国际刑事协助方式。但是没有制度的客观约束，此类非正式的国际刑事协助方式会存在不稳定、随意性、不可持续性等方面的缺陷。所以，制定双边刑事司法协助条约、引渡条约仍然是解决中非之间跨国犯罪最为稳妥的方式之一。

（二）中非双边刑事司法协助条约与中国《国际刑事司法协助法》存在冲突

2018年10月26日，中国《国际刑事司法协助法》在第十三届全国人大常委会第六次会议上获得表决通过。制定《国际刑事司法协助法》是加强国际合作、打击严重有组织犯罪包括腐败犯罪的需要，也是顺应国际合作的规则需要。《国际刑事司法协助法》的出台，将为中国与外国开展司法协助合作提供国内法律依据。由于《国际刑事司法协助法》出台较晚，而中非之间已经生效的五项双边刑事司法协助条约已施行多年，再加上中非之间双边刑事司法协助条约更多的是要求同存异，所以会导致一些双边刑事司法协助条约的规定与《国际刑事司法协

[①] 新华网：http://xinhuanet.com/legal/2018-10/26/c_1123618500.htm，2019年9月2日。

[②] 中国网：http://china.com.cn/legal/2015-12/22/content_37370003.htm，2019年9月2日。

助法》规定的有所不同。

例如，在中非之间已生效的五项双边刑事司法协助条约中，仅有《中华人民共和国和阿尔及利亚民主人民共和国关于刑事司法协助的条约》的适用范围里存在"犯罪所得和犯罪工具的处置"这一规定。这五项双边刑事司法协助条约的适用范围都不包括"移管被判刑人"。而中国《国际刑事司法协助法》第2条明确规定："本法所称国际刑事司法协助，是指中华人民共和国和外国在刑事案件调查、侦查、起诉、审判和执行等活动中相互提供协助，包括送达文书，调查取证，安排证人作证或者协助调查，查封、扣押、冻结涉案财物，没收、返还违法所得及其他涉案财物，移管被判刑人以及其他协助。"不难看出，中国以立法的形式扩大了国际刑事司法协助的适用范围。而这个适用范围在中国和非洲国家签订双边刑事司法协助条约时尚处于争议与论证阶段，这导致当时的司法协助的范围有所保守。考虑到中非之间刑事案件日益增多，刑事司法协助的内容不断扩大，有必要在日后新签订的司法协助条约中或在修改现有的司法协助条约时，适当扩大司法协助的范围，以便将犯罪所得和犯罪工作的处置、被判刑人员的移管等内容纳入其中。

（三）中非引渡条约与《引渡法》的规定不衔接

中国《引渡法》在2000年12月28日修订通过并予以施行。虽然该法施行时间较早，但仍然存在着该法规定与中非引渡条约不衔接的问题。例如，在双方就引渡事宜进行联系的途径上，中国《引渡法》第4条第1款规定："中华人民共和国和外国之间的引渡，通过外交途径联系。中华人民共和国外交部为指定的进行引渡的联系机关。"中国和莱索托、纳米比亚、南非、安哥拉和埃塞俄比亚的引渡条约规定的中国方面的联系机关都是中华人民共和国外交部，但中国与阿尔及利亚和突尼斯的引渡条约在这方面的规定有所不同。《中华人民共和国和阿尔及利亚民主人民共和国引渡条约》规定，引渡请求应当通过外交途径以书面形式提出，双方都没有具体指定中央机关；① 而《中华人民共和国和突尼斯共和国引渡条约》只是规定引渡请求应通过外交途径或者直接通过缔约双方指定的机关递交，突尼斯方面指定的机关为该国司法部，但在中国方面则为随后通过交换函件指定的机关。② 还不清楚中国方面通过交换函件指定的机关是否是中华人民共和国外交部。

此外，中国《引渡法》中有关拒绝引渡的理由与中非之间的引渡条约也存在不同。例如，中国《引渡法》第8条规定，对于外国提出的引渡请求，如果根据中华人民共和国法律，被请求引渡人具有中华人民共和国国籍的，中国应当拒绝引渡。中国和埃塞俄比亚、安哥拉、阿尔及利亚和突尼斯的引渡条约都规定，如果被请求引渡人是被请求国国民，则它构成被请求国应当拒绝引渡的一种理由，这与中国《引渡法》中的规定一致。但在中国与莱索托、纳米比亚和南非的引渡条约中，应当拒绝引渡的理由却不包括被请求引渡人是被请求国国民这一条，这几项条约只是在它们有关"国籍"的条款中规定，缔约国应当有权拒绝引渡其本国国民。这样的规定似乎是允许被请求国主管机关根据具体情况行使一定的自由裁量权，使它不再构成一种强制性的排除理由了。

第四节 中非双边避免双重征税协定

中国与非洲国家签订的避免双重征税协定（以下简称"双

---

① 《中华人民共和国和阿尔及利亚民主人民共和国引渡条约》第6条。

② 《中华人民共和国和突尼斯共和国引渡条约》第10条。

边税收协定") 对于保障中非关系健康发展、推动"一带一路"倡议在非洲的落实至关重要。目前中国仅同 18 个非洲国家签订了双边税收协定,但生效的只有 12 个。许多与中国保持密切经贸关系的非洲国家尚未同中国签署双边税收协定。从内容上看,这 18 个双边税收协定还存在许多问题,增加了中国赴非投资企业的涉税法律风险。因此,本节将主要探讨中非双边税收协定的现状及存在的问题。

一 中非双边税收协定现状

截至 2019 年 8 月 20 日,中国已同毛里求斯、苏丹、埃及、塞舌尔、南非、尼日利亚、突尼斯、摩洛哥、阿尔及利亚、埃塞俄比亚、赞比亚、津巴布韦、乌干达、博茨瓦纳、肯尼亚、加蓬、刚果(布)和安哥拉这 18 个非洲国家签署有双边税收协定。其中中国与乌干达、博茨瓦纳、肯尼亚、加蓬、刚果(布)和安哥拉这 6 个非洲国家签署的双边税收协定尚未生效。[1]

通过对这些双边税收协定的分析(表 2-2),可以看出目前的中非双边税收协定存在如下特征:

表 2-2　　中国与非洲国家签订的双边税收协定一览表[2]

序号	国家	签署日期	生效日期	执行日期
1	毛里求斯	1994 年 8 月 1 日	1995 年 5 月 4 日	1996 年 1 月 1 日

---

[1] 中国与非洲国家签署的双边税收协定情况,参见国家税务总局网站: http://www.chinatax.gov.cn/chinatax/n810341/n810770/index.html,2019 年 9 月 8 日。

[2] 此表是笔者根据国家税务总局网站上的信息绘制而成: http://www.chinatax.gov.cn/chinatax/n810341/n810770/index.html,2019 年 9 月 8 日。

续表

序号	国家	签署日期	生效日期	执行日期
2	苏丹	1997年5月30日	1999年2月9日	2000年1月1日
3	埃及	1997年8月13日	1999年3月24日	2000年1月1日
4	塞舌尔	1999年8月26日	1999年12月17日	2000年1月1日
5	南非	2000年4月25日	2000年1月7日	2002年1月1日
6	尼日利亚	2002年4月15日	2009年3月21日	2010年1月1日
7	突尼斯	2002年4月16日	2003年9月23日	2004年1月1日
8	摩洛哥	2002年8月27日	2006年8月16日	2007年1月1日
9	阿尔及利亚	2006年11月6日	2007年7月27日	2008年1月1日
10	埃塞俄比亚	2009年5月14日	2012年12月25日	2013年1月1日
11	赞比亚	2010年7月26日	2011年6月30日	2012年1月1日
12	津巴布韦	2015年12月1日	2016年9月29日	2017年1月1日
13	乌干达	2012年1月11日	未生效	
14	博茨瓦纳	2012年4月11日	未生效	
15	肯尼亚	2017年9月21日	未生效	
16	加蓬	2018年9月1日	未生效	
17	刚果（布）	2018年9月5日	未生效	
18	安哥拉	2018年10月9日	未生效	

（一）协定签署年代久，内容更新不及时

中非签署避免双重征税协定起步较晚。1994年8月1日中国与毛里求斯签署了中非之间第一个双边税收协定，距离中国签署的第一个双边税收协定（中日双边税收协定，签订于1983年9月6日）长达11年，是中国同外国签订的第40个双边税收协定。其中，中国和非洲国家在2000年以前签订的双边税收协定的数量为4个，2000—2010年签订的双边税收协定数量为7个，2010年至今签订的双边税收协定数量为7个。中非快速发展的经贸关系带动中非双边税收协定的相继签订，但已签订的中非双边税收协定仍存在更新不及时的问题。例如，从中国的角度看，2007年中国对内外资企业所得税制度进行统一化，但是中国尚未根据国内的税法的调整及时更新2007年前签订的双边税收条约相关内容。从非洲国家角度看，2016年肯尼亚税法和2018年乌干达税法调整了企业所得税和个人所得税等相关内容，但这些新的变化并没有在同中国签署的双边税收协定中得到及时调整。协定内容与现实发展状况相脱节，极易引起两国间的征税纠纷，增加企业的涉税不确定性风险。

（二）签署协定的非洲国家少

如上所述，中国与非洲国家已签署双边税收协定18个，占中国已签署的避免双重征税协定总数的17%（18/107）。[1] 中非双边税收协定仅覆盖了33%（18/54）的非洲国家，一些吸收中国投资较多的非洲国家如刚果（金）、几内亚、坦桑尼亚等尚未同中国缔结双边税收协定。根据中华人民共和国商务部2018年发布的《中国对外投资发展报告（2018）》，2017年中国对非投资主要流向安哥拉、肯尼亚、刚果（金）、南非、赞比亚、几内亚、刚果（布）、苏丹、埃塞俄比亚、尼日利亚、坦桑尼亚等国家。[2] 值得注意的是，虽然自2015年中非合作论坛约翰内斯堡峰会成功召开后中非签订的双边税收协定数量有所增加，但这一时期生效的双边税收协定的数量很少。

（三）已签署的协定中许多尚未生效

中国与非洲国家已签署的18个双边税收协定中，尚未生效

---

[1] 由于中国同安哥拉的双边税收协定暂无法从国家税务总局获取，所以本文的各别数据分析将不会包括中国同安哥拉的双边税收信息。

[2] 中华人民共和国商务部：《中国对外投资发展报告（2018）》，第68页。

的双边税收协定数量为6个,占中非间已生效的双边税收协定总数的33%(6/18)。值得注意的是,在首届中非合作论坛(2000年)召开后,中非签订的双边税收协定是14个,这些国家是南非、尼日利亚、突尼斯、摩洛哥、埃塞俄比亚、赞比亚、津巴布韦、乌干达、博茨瓦纳、安哥拉、刚果(布)、肯尼亚、加蓬、阿尔及利亚,但其中只有8个协议生效。特别是2010年后签订的中非双边税收协定有所增长,但只有中国同赞比亚(2010年)和津巴布韦(2016年)签订的协定生效。特别是一些同中国具有密切经贸往来的非洲国家同中国签署双边税收协定尚未生效,如乌干达、肯尼亚、安哥拉、刚果(布)。据笔者统计,在中国已签订的107个双边税收协定中,尚未生效的协定共10个,其中非洲国家就占了6个。从表2-3可知,2018年与中国进出口贸易额前十名的非洲国家中就有3个国家尚未同中国签署双边税收协定,还有3个已签署的协定尚未生效。

表2-3 2018年与中国进出口贸易额前十名的非洲国家签订双边税收协定现状

名次	非洲国家	2018年中非进出口贸易额(亿美元)	是否与中国签署双边税收协定	签署的双边税收协定是否生效
1	南非	435.50	是	是
2	安哥拉	280.53	是	否
3	尼日利亚	152.71	是	是
4	埃及	138.26	是	是
5	阿尔及利亚	91.05	是	是
6	刚果(金)	74.36	否	否
7	加纳	72.54	否	否
8	刚果(布)	72.44	是	否
9	利比亚	62.06	否	否

续表

名次	非洲国家	2018年中非进出口贸易额（亿美元）	是否与中国签署双边税收协定	签署的双边税收协定是否生效
10	肯尼亚	53.72	是	否

资料来源：笔者根据中华人民共和国海关总署和商务部数据资料自行整理。

（四）协定签署到生效的时间漫长

双边税收协定从签订到生效的时间较长，不利于协定内容的有效实施，对赴非投资者承诺的税收保护落实不到位。据笔者统计，在已经生效的12个双边税收协定中，中国同塞舌尔的双边税收协定从签订到生效所耗时长最短，不到4个月的时间；中国同毛里求斯、南非、突尼斯、赞比亚、津巴布韦和阿尔及利亚6个非洲国家的双边税收协定从签订到生效大约为1年；中国同苏丹、埃及2个非洲国家的双边税收协定从签订到生效大约为2年；中国同埃塞俄比亚的双边税收协定从签订到生效大约为3年；中国同摩洛哥的双边税收协定从签订到生效大约为4年；而中国同尼日利亚的双边税收协定从签订到生效长达7年时间。特别是中国同乌干达（2012年）的双边税收协定截至本文写作时（2019年6月）尚未生效。从图2-1可知，中国同其他国家签署的双边税收协定从签署到生效的时长大多为一年以内，但与非洲国家签署的协定耗费的时长却较长。从签订到生效长时间的拖延不仅会对跨国纳税人产生不确定的纳税风险，也限制了收入来源国行使征税管辖权的税收收入。

（五）协定内容具有混合特色

目前国际上的双边税收协定范本大都是以《经济合作与发展组织关于对所得和财产避免双重征税的协定范本》（简称OECD范本）和《联合国关于发达国家与发展中国家双重征税的协定范本》（简称UN范本）为模板签署的。OECD范本

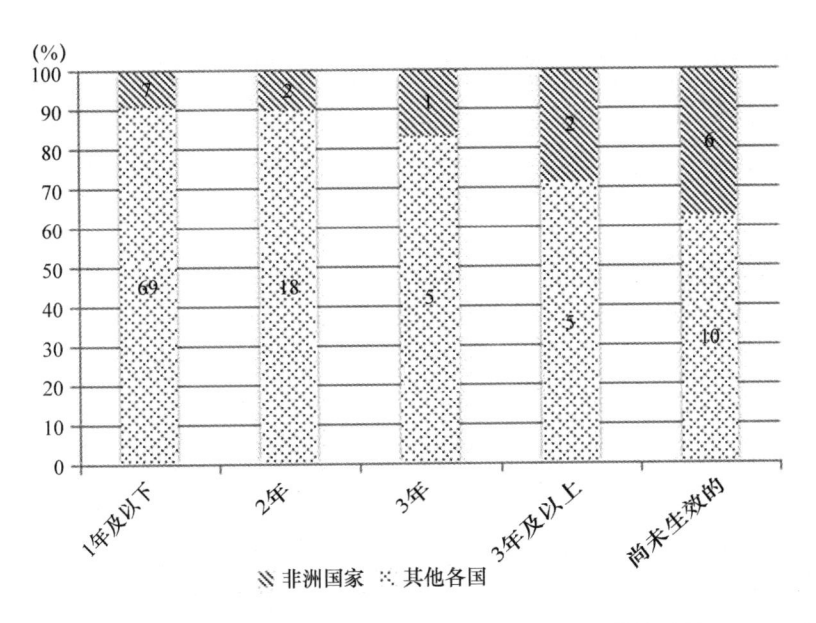

图 2-1　中国签署的双边税收协定从签署到生效的时长

注：该图标显示数据为国家数。目前中国同外国共签署了107个双边税收协定。

资料来源：笔者根据国家税务总局数据资料自行整理。

更多主张居民税收管辖权，倚重维护发达国家作为资本输出方的利益。UN范本则是强调收入来源地国征税权，偏重维护发展中国家作为资本输入方的利益。中非双边税收协定并非绝对采用OECD范本或UN范本作为协定模版，而是在一定程度上混合了两种范本的内容。协定采用UN范本有利于维护非洲国家的利益，而采用OECD范本则对中国更为有利。因此，在权衡中非双方利益的前提下，为实现中非合作的互利互惠，中非双边税收协定兼采了UN范本和OECD范本，呈现出混合特色。

二　中非双边税收协定存在的问题

本部分主要分析中非双边税收协定在常设机构规定、居民、税种、税收饶让条款、解决税收争议条款等方面存在的不足。这些不足主要体现在以下五个方面：

（一）常设机构认定标准不统一

避免双重征税协定中关于"常设机构"条款的规定十分重要，对常设机构的认定实际上限制了收入来源国的税收政策。中非18个双边税收协定中都对"常设机构"作出了规定，但此类规定还存在许多不统一及遗漏之处。首先，认定相关常设机构的时间标准混乱。在中非双边税收协定中，"常设机构"还包括"建筑安装工程"类常设机构和"雇员或其他人员劳务"类常设机构。但不同的税收协定对它们能否构成常设机构的时间认定标准存在较大分歧。例如，中国同摩洛哥、埃塞俄比亚、刚果（布）、加蓬、尼日利亚、突尼斯、乌干达、阿尔及利亚8国签订的协定就"建筑安装工程"类常设机构的时间认定标准采用了UN范本的标准，即仅以该工地、工程或活动连续6个月以上的为限。中国同赞比亚、博茨瓦纳、津巴布韦、肯尼亚、毛里求斯、南非、塞舌尔、埃及和苏丹9国的双边税收协定则采用了OECD范本的标准，对此类机构能否构成常设机构的时间认定超过6个月，包括连续9个月以上为限、连续12个月以上为限、在任何24个月内连续12个月以上为限和连续18个月以上为限。对常设机构认定的时间标准越长，跨国企业达到工程型"常设机构"的标准就越高，越有利于维护居民国的税收利益。反之，则更倾向于维护收入来源国的税收利益。中国在与非洲国家进行国际经贸往来中扮演着资本输出方即"居民国"的身份，因此，税收协定中工程类常设机构12个月乃至更长时间的认定标准有利于中国作为居民国享有的征税权。

其次，中非双边税收协定有关"常设机构"的范围规定不同。例如，中国与赞比亚、博茨瓦纳、刚果（布）、加蓬、津巴布韦、南非、塞舌尔、苏丹、突尼斯、阿尔及利亚签订的协定中，常设机构包括：管理场所、分支机构、办事处、工厂、作业场所以及矿场、油井或气井、采石场或者其他开采或开发自

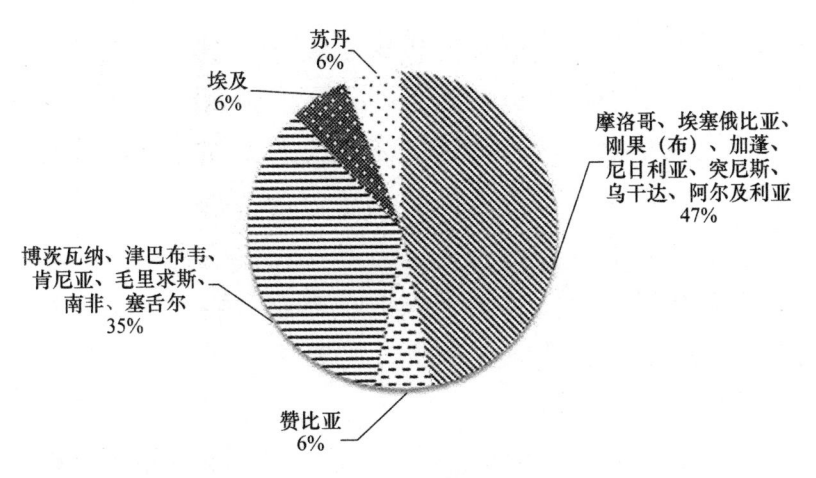

中非双边法制合作　117

苏丹 6%
埃及 6%
摩洛哥、埃塞俄比亚、刚果（布）、加蓬、尼日利亚、突尼斯、乌干达、阿尔及利亚 47%
博茨瓦纳、津巴布韦、肯尼亚、毛里求斯、南非、塞舌尔 35%
赞比亚 6%

▨ 连续6个月以上为限　　－ 连续9个月以上为限
═ 连续12个月以上为限　▦ 在任何24个月内连续12个月以上为限
∴ 连续18个月以上为限

图2-2　协定关于"建筑安装工程"类常设机构的时间认定标准
注：以上数据不包括安哥拉。

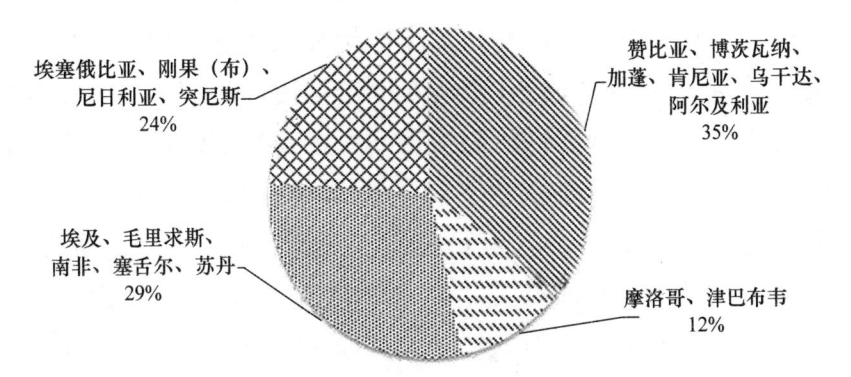

埃塞俄比亚、刚果（布）、尼日利亚、突尼斯 24%
赞比亚、博茨瓦纳、加蓬、肯尼亚、乌干达、阿尔及利亚 35%
埃及、毛里求斯、南非、塞舌尔、苏丹 29%
摩洛哥、津巴布韦 12%

▨ 在任何12个月中连续或累计超过183天以上为限
╲ 在任何12个月中连续或累计超过6个月为限
▦ 在任何24个月中连续或累计超过12个月为限
✕ 无提及认定时间

图2-3　协定中关于"雇员或雇员人员劳务"类常设机构的时间认定标准
注：该数据不包括安哥拉。
资料来源：笔者根据国家税务总局双边税收协定资料自行整理。

然资源的场所；与埃及签订的协议还包括农场或种植园；与尼日利亚、乌干达签订的协议还包括工厂直销店；与毛里求斯签订的协议还包括农场或种植园、为与他人提供存储设施的人的有关的场所；与摩洛哥签订的协定还包括直销店、农场和种植园；与埃塞俄比亚、肯尼亚签订的协议还包括直销店、商业性仓库和农场或种植园，或从事农业、林业、种植业或相关的场所等。对中国赴非投资企业而言，需要仔细考察并研究协定中对常设机构的不同规定。

最后，中非双边税收协定并未就跨境电子商务是否可以认定为代理型常设机构作出规定。当前非洲电子商务领域发展势头强劲。据麦肯锡咨询公司预测，到2025年，整个非洲大陆每年电子商务平台销售总额将达到750亿美元。具体到税收领域，跨境电子商务佣金代理人的销售模式特点对现有双边税收协定中有关"常设机构"的认定会带来混乱。常设机构通常分为两大类：以固定营业场所为中心的场所型常设机构和以代理人为中心的代理型常设机构。跨境电子商务模式对固定场所依赖程度低，以互联网服务器为依托，所以一般认为跨境电子商务属于代理型常设机构。由于电子商务具备诸多不同于传统税收协定规定的"常设机构"的认定，例如，其无形的营业场所、快速的交易模式、全球化和数字化等特点让双方税务机关都难以根据协定中有关"营业场所"所在地进行认证，导致了双方税收管辖权界定的混乱。因此，需要在双边税收协定对代理型常设机构的认定作出明确规定。目前，中国同南非、尼日利亚、埃及等跨境电子商务发展势头较强的几个国家并未就电子商务是否可以认定为代理型常设机构作出规定，这可能会引发税收纠纷。

（二）"居民"条款界定不一致

双边税收协定中自然人和法人居民身份的认定，既可以明确缔约国哪一方可以行使居民税收管辖权，又决定了哪些纳税人可以享受税收协定的优惠待遇。因此投资者要想根据双边税收协定寻求税收减免等经济优势，必须具备合格的"居民"身份。

OECD范本和UN范本将"居民"界定为："按照缔约国法律，由于住所、居所、管理场所或其他类似性质的标准，负有纳税义务的人，包括该国、其所属行政区或地方当局。"需要注意的是，OECD范本比UN范本多了一条规定，即"对居民的界定不包括仅由于来源于该国的所得或位于该国的财产在该国负有纳税义务的人"。中国同南非、埃及、毛里求斯、肯尼亚、尼日利亚、塞舌尔、苏丹、突尼斯和阿尔及利亚之间的双边税收协定对于"居民"的认定采用了UN范本，而中国同乌干达、埃塞俄比亚、博茨瓦纳、刚果（布）、加蓬、津巴布韦、摩洛哥和赞比亚之间的双边税收协定则采用了OECD范本。由此可见，中非就"居民"的认定在协定中并不一致。

中非双边税收协定对于同为缔约国双方居民的法人如何归属所采用的方法也不一致。对此问题，中非双边税收协定采用了两种方法：一是以总机构、实际管理机构所在地为准。中国同埃塞俄比亚、博茨瓦纳、刚果（布）、加蓬、津巴布韦、肯尼亚、摩洛哥、乌干达、赞比亚、南非、突尼斯、埃及、塞舌尔、毛里求斯和阿尔及利亚的双边税收协定均采用了这一方法;[①] 二

[①] 中国同埃塞俄比亚、博茨瓦纳、刚果（布）、加蓬、津巴布韦、肯尼亚、摩洛哥、乌干达、赞比亚的协定中采用的规定是："由于第一款的规定，除个人以外，同时为缔约国双方居民的人，应认为仅是其实际管理机构所在缔约国一方的居民";中国同南非、突尼斯的协定中采用的规定是："由于第一款的规定，除个人以外，同时为缔约国双方居民的人，应认为仅是其实际管理机构所在缔约国一方的居民。然而，如果这个人在缔约国一方设有其实际管理机构，在缔约国另一方设有其总机构，缔约国双方主管当局应协商确定此人为哪一方缔约国居民";中国同埃及、毛里求斯的协定中采用的规定是："如果其同时是缔约国双方的国民，或者不是缔约国任何一方的国民，缔约国双方主管当局应通过协商解决。"

是通过协商解决，中国同尼日利亚、苏丹的双边税收协定采用了这一方法。为了提高双边税收协定适用的可预见性和确定性，中非应尽量采用统一的双重法人的归属标准。

此外，目前还没有任何一个中非双边税收协定对合伙企业的居民身份作出明确规定。合伙企业居民身份认定也是一个复杂问题，各国对合伙企业的税收处理方法存在较大差异，即各国对合伙企业的性质属于税收实体还是税收虚体的问题存在不同观点。若合伙企业属于税收实体（taxable entity），符合协定中"缔约国居民"身份，合伙企业承担纳税义务，依法享有协定的税收优惠待遇；若合伙企业属于税收虚体（tax transparent entity），纳税义务从合伙企业转至合伙人，即合伙企业所得应纳税额转为由每个合伙人所承担。国际上，合伙企业是否享有税收协定优惠待遇的主体资格，一般在协定中会有特殊规定。中非双边税收协定并未对合伙企业进行特殊规定。因此需要考虑各国国内税法对合伙企业的纳税人身份认定。根据中国 2006 年颁布的《合伙企业法》的规定，合伙企业的生产经营所得和其他所得，由合伙人分别缴纳所得税。可见，合伙企业在中国被视为纳税虚体。[①] 因此合伙企业不具备协定意义上的"缔约国居民"身份。非洲国家对合伙企业的纳税资格认定存在不一致。例如，在摩洛哥合伙企业也为纳税虚体，在国内不具有纳税主体资格。这样在课税上就不会同中国因合伙企业身份问题产生矛盾和冲突。但有些国家如津巴布韦规定合伙企业具有纳税主体资格，这样就与中国的规定存在冲突，可能会导致税收纠纷。由于中非双边税收协定并未就此问题进行特殊规定，对合伙企业的征税可能引发合伙企业是否可以享受中非双边税收协定所

---

① 参照国务院 2000 年发布的《关于个人独资企业和合伙企业征收所得税的问题通知》（国发〔2000〕16 号）。财政部、国家税务总局 2000 年发布的《关于个人独资企业和合伙企业投资者征收个人所得税的规定》（财税〔2000〕91 号）。

规定的优惠税收待遇，以及对合伙企业所得课税如何适用这类双边税收协定等一系列复杂问题。

(三) 税收饶让条款不对称

跨国企业为从事跨国贸易活动所产生的所得缴纳税款，为了避免对跨国企业进行重复征税，国际上通常采用税收抵免和税收饶让制度以规避上述问题。税收饶让作为一种税收优惠政策，对促进中国企业增加对非投资的热情具有十分重要的意义。在18个中非双边税收协定中，除摩洛哥、塞舌尔、突尼斯外，中国均规定采用"抵免法"消除双重征税，并未规定双边税收饶让条款。① 加蓬、毛里求斯两国给予中国单方面税收

---

① 中国同摩洛哥签订的双边税收协定第23条有关消除双重征税方法第三款规定：根据第1款，在缔约国一方缴纳的税收，应认为包括本应缴纳的，但由于缔约国为了促进经济发展，通过法律规定有关减税、免税或者其他税收优惠而未缴纳的税收；中国同塞舌尔签订的双边税收协定第23条消除双重征税方法第2款规定：在本条第1款中，"塞舌尔税额"和"中国税额"用语应认为包括，本应在塞舌尔或中国缴纳的，但根据旨在促进缔约国一方经济发展的法律而给予的免税或减税税额；中国同突尼斯签订的双边税收协定第23条消除双重征税方法第三款规定：根据第1、第2款缴纳的税收，应认为包括本应缴纳的，但由于缔约国为了促进经济发展，通过法律规定有关减税、免税或者其他税收优惠而未缴纳的税收。另外，中国目前同16个非非洲国家签订的双边税收协定中包含税收饶让条款。例如，中国同斯里兰卡签订的双边税收协定第23条第3款规定：经关于缔约国一方对减免税收的抵免，在缔约国另一方缴纳的税收应视为包括按照该国税收优惠法律的规定已被减免的、但如果无上述规定而可能征收的税收；中国同马其顿签订的双边税收协定第24条第3款规定：缔约国一方出于鼓励目的对在缔约国另一方缴纳的税收给予的抵免，应认为包括在该缔约国另一方应该缴纳，但按照该缔约国另一方法定的税收优惠规定而已经给予减免的税收。国家税务总局网：http://www.chinatax.gov.cn/n810341/n810770/index.html，2018年8月18日。

饶让。①抵免法虽然存在诸多优势,但其消极作用在于给予纳税人境外所得以高税率征税。即如果来源地国家税率高,外国税额超过该项税额应在本国缴纳的税额时,外国投资者纳税超过的部分一般得不到抵免;如果本国税率高,外国税额少于该项所得应纳的本国税额时,则应补缴其差额税款。②这种情况导致的结果是纳税人境外所得的税收负担从高不从低,不利于非洲国家吸引外资。因此,应鼓励非洲国家同中国签订双边税收协定时协商加入税收饶让条款,让非洲国家给予中国投资者的税收优惠真正得到落实。

(四) 税种范围更新不及时

2007年3月16日中国通过的《企业所得税法》将内外资企

---

① 中国同加蓬签订的双边税收协定第22条有关消除双重征税规定:一、在中国,按照中国法律规定,应按照以下方式消除双重征税:(一)中国居民从加蓬取得的所得,按照本协定规定在加蓬的应纳税额,可以在对该居民征收的中国税收中抵免。但是,抵免额不应超过该项所得按照中国税法和规章计算的中国税收数额。(二)从加蓬取得的所得是加蓬居民公司支付给中国居民公司的股息,同时该中国居民公司拥有支付股息公司股份不少于20%的,该项抵免应考虑支付该股息公司就该项所得缴纳的加蓬税收。二、在加蓬:(一)加蓬居民取得的按照本协定规定可以在中国征税的所得,除适用第(二)项和第(三)项规定的以外,加蓬应对该项所得免予征税。(二)加蓬居民取得的所得按照本协定规定在加蓬免于征税的,在计算该居民其余所得的税额时,加蓬可以考虑该免税所得。(三)加蓬居民取得的按照第10条、第11条和第12条规定可以在中国征税的所得项目,加蓬应允许在对该居民所得征收的加蓬税额中扣除该所得的中国税额。但是,该项扣除不应超过给予扣除前所计算的归属于从中国取得的上述所得项目的那部分税额。国家税务总局网: http://www.chinatax.gov.cn/n810341/n810770/c3731432/content.html, 2018年8月18日。

② 王选汇:《避免双重征税协定的形成和发展》,《涉外税收资料》1986年第3期;高利鹏:《避免双重征税对企业对外投资影响分析》,硕士学位论文,天津财经大学,2015年。

业所得税制度进行统一化。此后签订的中非双边税收协定就特别适用的现行税种在中国的规定，都变更为个人所得税和企业所得税或公司所得税。2007年以前订立的中非双边税收协定就在中国特别适用的现行税种仍是外商投资企业和外国企业所得税、地方所得税。因此，根据《企业所得税法》规定，协定税种范围中的中外合资经营企业所得税、外商投资企业和外商企业所得税、地方所得税是不是可以认定为自动适用新的企业所得税，还需要予以明确，避免引起不必要的涉税风险。

表2-4 协定中提及的税种范围

税种范围	中非双边税收协定：非洲国家
个人所得税、企业所得税	赞比亚、埃塞俄比亚、博茨瓦纳、津巴布韦、肯尼亚、乌干达、安哥拉
个人所得税，外商投资企业、外国企业所得税	摩洛哥、埃及、南非、尼日利亚、塞舌尔、突尼斯、阿尔及利亚
个人所得税、公司所得税	刚果（布）、加蓬
个人所得税，外商投资企业、外国企业所得税，地方所得税	毛里求斯、苏丹

注：该数据不包括安哥拉。
资料来源：笔者根据国家税务总局双边税收协定资料自行整理。

（五）税收争议解决条款不完善

中非税收协定中均采用"相互协商程序"作为中非税收争端的解决方式，强调在尊重中非双方国家主权的基础上，双方税务机关通过友好协商和磋商进行沟通。这种传统的解决争端方式的特点在于行使权力的主体是国家，而非纳税人，即只能通过国家主管机关在国家层面就国家之间在税收利益划分方面或境外纳税人与他国税务机关间产生的争端予以协商解决。因此，相互协商程序不可避免地造成一定的局限性。一是相互协商程序解决税收争端效率低下，耗时较长；二是相互协商程序解决税收争端对纳税当事人的保护力度不足。因为相互协商程序的主体是国家，因此当境外纳税人与他国税务机关间产生争端时只能依托本国的税务机关提起相互协商程序，而且中非双边税收协定也并未赋予纳税人查阅相关案件资料和旁听协商程序的权利，纳税人在程序中的参与度不足导致了相互协商程序的透明度和公开度较低。① 由此可见，单一的相互协商程序未能满足纳税人的实际需求，而税收仲裁程序作为税收争议解决机制的新发展，为纳税人提供了高效且务实的争端解决方式。但是中非双边税收协定并未针对税收争议仲裁解决方式有任何规定，这需要在日后予以完善。

---

① 徐妍：《"一带一路"税收争端解决机制法律问题研究》，《社会科学战线》2018 年第 8 期。

第三章　中非双边法制合作的完善

本章将结合第二章的分析，就如何完善中非双边法制合作提出建议。这些建议包括：完善中非双边法制合作框架，即增加中非双边法制合作框架的数量，更新中非双边法制合作框架的内容；扩大与非洲地区性组织的双边法制合作；拓宽中非双边法制合作的领域；重视中非在多边法制框架中的合作。通过这些措施，为中非经贸关系创造一个良好的法制环境，从而促进中非经贸关系长远、健康发展。

第一节　完善现有的中非双边法制合作框架

通过前面的分析可以看出，随着中非经贸关系的发展，中非之间的投资争议、民商事纠纷、跨境犯罪案件、税收摩擦等各类法律问题日益增加。由于相应多边公约的缺失以及中国和非洲国家特别是非洲国家在多边公约中的参与度不高，目前，中国和非洲国家主要通过双边法制框架来调整这些法律问题。这就要求中国和非洲国家之间首先需要建立更多的此类双边法制框架。但从现实的情况来看，中非之间的双边法制框架还不能满足目前中非经贸关系发展的需要。例如，中国投资已遍及非洲52个国家，中非之间的民商事、刑事案件几乎涉及每一个非洲国家，但中国仅同18个非洲国家存在有效的双边投资保护条约，仅同5个非洲国家存在有效的双边民商事司法协助条约，仅同5个非洲国家存在有效的刑事司法协助条约，仅同7个非洲国家存在有效的引渡条约，仅同12个非洲国家存在有效的双边税收条约。从这些数据中可以明显看出来，中非双边法制合作框架存在明显的不足。特别是2000年中非合作论坛召开后，虽然中非之间的民商事案件、投资争议、刑事案件大量增加，但中非之间的民商事司法协助条约的数量并没有相应增加，虽然2000年后中非之间签订的双边投资保护条约、刑事司法协助条约和引渡条约以及双边税收条约的数量有所增加，但生效的较少。因此，中国应大力推动与更多非洲国家签订双边投资保护条约、民商事和刑事司法协助条约、双边税收条约等，以便为中非经贸关系的长远健康发展创造稳固的双边法制框架。

其次，中国应尽量完善现有的双边法制合作框架的内容，或在签订新的双边投资保护条约、民商事和刑事司法协助条约、双边税收条约时根据中非之间的实际情况，纳入新的规定和内容。从前面的分析来看，中非之间现有的双边法制框架还存在许多问题。例如，在双边投资保护条约方面，有些规定还不完备，或没有针对中非投资关系的实际情况，这不利于保护中国在非洲国家的投资；在双边民商事、刑事司法协助条约方面，有些规定不一致，而且有些重要的规定，内容过于简略，容易给中非双边的民商事、刑事司法协助带来不确定性，不利于中非之间民商事纠纷的顺利解决，不利于有效打击跨国犯罪；在中非双边税收条约方面，也存在界定不一致，标准不统一，税收饶让条款不对称，争议解决条款不完善等问题，不利于中非之间税收摩擦的妥善处理。下面将具体分析如何对中非之间现有的双边法制框架的内容进行完善。

一 中非双边投资保护条约的完善

中非现有的18个双边投资条约时间跨度大，涵盖了中国三代类型的双边投资保护条约。这些双边投资保护条约对于增强中国投资者在非投资的信心,保护中国投资者的合法权益发挥了重要作用。近年来,随着中国企业走出去进程的加快,面临的投资争议越来越多,一些中国企业开始利用中国政府和投资东道国政府签订的双边投资保护条约来维护自己的投资权益。截至目前,尚未有中国投资者利用中非双边投资保护条约的规定来解决在非投资引起的法律争议,不过随着中非投资争议日益增多,中国投资者将来利用此类条约解决投资争议的可能性非常高。[①]

通过对中非现有双边投资条约的分析可知,中非双边投资保护条约的内容较少考虑到作为投资东道国的一些非洲国家的特定情况,如政治动荡、骚乱频生等,也没有反映中国在非投资遇到的实际情况,如环境保护、劳工待遇等。在以后签署或修正中非双边投资保护条约时,应结合国外的最新发展,将环境保护、劳工待遇、企业社会责任等内容加入到中非双边投资保护条约中,并对"投资""投资者""征收"等条款进行重新界定;在设计投资争议解决条款时,尽量利用仲裁方式解决投资争议,此外,要考虑到中非法律传统等因素,构建中非特色的投资纠纷解决制度。中国相关部门可考虑在一些中非现有双边投资保护条约到期时与非洲国家重新谈判签订新的双边投资保护条约或对现有的双边投资保护条约的内容进行修订。[②]

具体而言,对于中非双边投资保护条约的序言,考虑到中国投资在非洲的实际情况以及非洲国家的主张,中国在今后与非洲国家签订双边投资保护条约时,可主动或应非洲国家的要求,适当将企业社会责任、抵制贪污、环境保护、劳工权利等内容纳入序言中,并积极履行上述条约义务,这对于中非之间

---

① 朱伟东:《中非双边投资保护条约存在的问题及完善》,《非洲研究》2015年第1卷。

② 同上。

投资的健康、长远发展将有重要意义。①

在"投资"的界定方面，为了使"投资"的概括性规定更为明确，中非双边投资条约可明确将 Salini 标准纳入其中；对"财产权利""债权""股权""知识产权"和"特许权"采用统一的规定，避免产生混淆；在中国与非洲国家以后签订或修订双边投资保护条约时，可通过例外规定或脚注形式将不具有投资特征的票据或金钱请求权排除在外；可考虑将一些新的投资形式如贷款、期货、期权或其他金融衍生权利以及法律实体等明确纳入"投资"范围；对"领土"一词的含义作出明确规定。

在"投资者"国籍认定方面，为了提高条约适用的可预见性与确定性，中非之间的双边投资保护条约应尽量采用统一的法人投资者国籍的确定标准。此外，这些双边投资保护条约也没有对挑选条约（treaty shopping）的现象作出规定。为了避免第三国的公司实施国籍规划（nationality planning）、挑选条约，从而获取缔约双方双边投资保护条约的好处，很多国家之间的双边投资保护条约都规定，只有在该国注册成立且在该国有实质性经济活动的公司，才可利用该国与他国签订的双边投资保护条约。最后，考虑到中国在非投资主要是中国公司在非洲国家设立全资或控股公司的形式，为了使在非洲国家当地成立的中资公司与中国自然人或法人控股的公司在发生投资争议时，也可利用中非之间的双边投资保护条约，中非之间的双边投资保护条约也可采用《华盛顿公约》第 25 条第 2 款（b）项后半部分的规定，即缔约双方同意，将在缔约一方领土内设立而由缔约另一方国民控制的法人视为缔约另一方的国民。这样，中国在非洲国家设立的中资公司或控股公司就可直接以自己的名

---

① 朱伟东：《中非双边投资条约存在的问题及完善》，《非洲研究》2015 年第 1 卷。

义而不是以中国股东的名义提起针对投资东道国的国际仲裁程序。

在"征收与补偿"条款的设计方面，为了避免日后与非洲国家的投资纠纷中避免出现间接征收的认定问题，将来的中非双边投资保护条约最好对间接征收问题作出明确规定。① 在征收标准的确定和计算方面采用统一规定，例如，可明确以实际征收或征收为公众所知时间中以较早者为准的市场价值作为确定赔偿的标准，在具体计算时，可采用国际上通用的贴现现金流量方法或清算价值方法。同时，中非今后的双边投资保护条约还应明确将利息纳入赔偿范围。

---

① 例如，美国2012年双边投资保护条约范本第6条"征收和补偿"第1款规定："任一方当事人不得直接或通过与征收或国有化类似的措施间接对投资进行征收或国有化，除非：（a）为了公共目的；（b）采用非歧视性措施；（c）给予充分、及时、有效的补偿；并且（d）符合正当法律程序以及第5条规定的最低待遇标准。"为了对征收做进一步界定，该范本在附件B"征收"中做了更为详细的规定。该附件的规定如下："当事人确认它们对下列事项的共同理解：1. 第6条（征收和补偿）旨在反映有关国家在征收方面义务的国际习惯法。2. 一方当事人的行为或一系列行为不会构成征收，除非它对投资中的有形或无形财产权利或财产权益造成干涉。3. 第6条（征收和补偿）涉及两种情形。第一种情形是直接征收，即投资被国有化或通过所有权的正式转移或直接没收的形式被直接征收。4. 第6条（征收与补偿）所涉及的第二种情形是间接征收，即一方当事人的行为或系列行为具有等同于直接征收的效果，但没有发生所有权的正式转移或直接没收。（a）要判断一方当事人的行为或系列行为在特定事实情况下是否构成间接征收，需要进行个案的、以事实为基础的调查，并要考虑下列因素：（i）政府行为的经济影响，即使存在一方当事人的行为或系列行为对投资的经济价值产生负面影响的事实，但单纯这一事实本身并不能证明发生了间接征收行为；（ii）政府行为对因投资产生的特定的、合理期望的干涉程度；以及政府行为的性质。（b）除在极少情况下，一方当事人采取的旨在用于保护诸如公共健康、卫生和环境等合法公共福利目的非歧视性监管措施不构成间接征收。"

对于投资争议解决条款，在中非相关双边投资保护条约到期时，中国相关部门应积极主动与非洲国家政府联系，谈判修订相关条约的内容，特别是有关投资争议解决的条款，使中非之间的一切投资争议均可通过 ICSID 或其他仲裁机构或专设仲裁庭的仲裁程序解决。

最后，中国政府应注意到非洲国家政府有关双边投资保护条约的最新态度以及对外资政策的调整，及时采取应对措施。例如，近年来许多非洲国家为了发展本国经济，提高民众福利，促进资源的有效利用，都制定了本土成分立法。而且一些非洲国家如坦桑尼亚、南非、肯尼亚等还在本土成分立法中明确规定，禁止外国投资者与当地政府就本土成分立法实施产生的投资争议提交国际仲裁解决。此外，考虑到 ICSID 的仲裁员和调解员主要来自欧美等发达国家，它们对非洲国家或中国的法律传统和法律文化缺乏了解，通过 ICSID 来解决中非之间的投资争议并非中国和非洲国家的首选。在这种背景下，中国和非洲国家可考虑设立符合中非实际情况和法律传统与文化的投资争议解决机制。例如，中国和非洲国家可考虑在中非合作论坛框架下或在中非基金的框架下设立中非投资争议解决中心（China-Africa Center for the Settlement of Investment Dispute，CACSID）。[①]

二 中非双边民商事、刑事司法协助条约的完善

中非双边民商事、刑事司法协助条约是中国与非洲国家开展民商事、刑事司法协助的基本法律框架。在多边民商事、刑事司法协助公约还不健全的情况下，这些双边民商事、刑事司法协助条约在解决中非之间的民商事案件、打击跨国犯罪中发挥着重要作用。它们可以切实维护中非经贸关系中当事人的合

---

① 朱伟东：《外国投资者与非洲国家之间的投资争议分析——基于解决投资争端国际中心相关案例的考察》，《西亚非洲》2016 年第 3 期。

法权益,有效保护他们的人身、生命和财产安全。从前面对中非现有的双边民商事、刑事司法协助条约的分析来看,它们还存在一些问题,需要予以完善,只有这样才能更好地发挥它们的作用。

(一) 中非双边民商事司法协助条约的完善

针对前面有关中非双边民商事司法协助条约存在的问题,可以从以下几方面完善中非民商事司法协助条约:首先,考虑到现有的中非民商事司法协助条约主要集中在北部非洲和东部非洲国家的现实,中国应积极推动与尼日利亚、肯尼亚、乌干达、南非、安哥拉、刚果(金)等国家签订双边民商事司法协助条约。这些非洲国家具有地域代表性和法系代表性,例如,它们分别位于东、西、南部非洲,是所在地区的有影响力的国家;从法系上看,这些国家既有普通法系国家,如尼日利亚、肯尼亚、乌干达,也有大陆法系国家如安哥拉、刚果(金),也有普通法系国家,如南非。通过和这些国家商签双边民商事司法协助条约有助于扩大与其他属于同一法系的非洲国家签订此类条约。再从重要性上来看,这几个非洲国家与中国有频繁的经贸往来,中国与它们之间的民商事案件数量在中非之间的民商事案件总量中占有很大比重。

其次,在与非洲国家商签新的双边民商事司法协助条约或对现有的条约进行修改时,应考虑对条约中一些规定进行统一,这样便于中非之间民商事司法协助的开展。从前面的分析来看,中非现有的双边民商事司法协助条约对于送达的文书的范围、可以承认和执行的裁决的范围、执行的方式、中央机关的指定等方面还存在许多差异,这会给民商事司法协助的执行带来混淆和不确定性。例如,对于可以承认和执行的裁决的范围,中国与有的非洲国家之间的双边民商事司法协助条约包括了法院制作的调解书,如中国与埃及、埃塞俄比亚、突尼斯和摩洛哥之间的民商事司法协助条约,有的条约却没有将调解书包括在内，如中国与阿尔及利亚之间的民商事司法协助条约；对于送达的文书，中国与有的非洲国家之间的双边民商事司法协助条约包括司法和司法外文书，如中国与埃及、摩洛哥之间的双边民商事司法协助条约，有的条约仅包括司法文书，如中国与埃塞俄比亚、突尼斯和阿尔及利亚之间的双边民商事司法协助条约。因此，中国今后与非洲国家商签新的双边民商事司法协助条约或对现有条约进行修改时，可考虑采用统一的规定，减少因不同条约的不同规定所带来的不确定性。

最后，中国可考虑在将来的中非双边民商事司法协助条约中补充一些新的规定或内容，以增加条约的可预见性与可操作性。例如，在对申请承认和执行法院判决的请求进行审查时，对于如何确定作出判决的外国法院是否对案件具有管辖权，中非之间现有的双边民商事司法协助条约采用了不同标准。有的条约规定，依据被请求国的法律确定，如中国与摩洛哥、阿尔及利亚之间的双边民商事司法协助条约。有的条约规定，根据条约规定的管辖权标准进行确定，如中国与埃及、突尼斯和埃塞俄比亚之间的双边民商事司法协助条约。考虑到非洲国家法律的多样化和复杂性，中国今后和其他非洲国家签订民商事司法协助条约时，或与摩洛哥和阿尔及利亚修改双边民商事司法协助条约时，应最好在条约中对如何确定法院的管辖权作出明确规定，以避免因各国有关管辖权的法律规定不同而可能给判决的承认与执行带来的不确定性。

另外，虽然中非现有的双边民商事司法协助条约都规定，如果被请求国认为提高司法协助将有损本国的主权、安全或者重大公共利益，或者违反其法律的基本原则，被请求国就可拒绝执行司法协助请求，但这些条约都没有明确指明相关国家的重大公共利益或法律的基本原则包括哪些内容，这也会影响司法协助的顺利开展。所以，中国在今后与非洲国家签订新的双边民商事司法协助条约或对现有的双边民商事司法协助条约进行修改时，可以考虑在条约中明确规定缔约双方各自的重大公共利益或法律的基本原则所包含的内容。

（二）中非双边刑事司法协助条约的完善

从 2016 年开始，中国加快了与非洲国家签订双边刑事司法协助条约、引渡条约的步伐。一方面是为了配合党中央、国务院"反腐倡廉"的方针政策，一方面也是为了全方位深化中非之间的友好交流与合作，为中非之间的贸易往来与人员交流提供法律制度的保障。为了降低犯罪的风险，避免自己被判处刑罚，犯罪分子往往选择与中国没有缔约关系的国家潜逃，或在该国设立据点，进行电信诈骗。加快缔约步伐，将国际刑事司法合作常态化、正式化，可以压缩犯罪分子的生存空间，更好地制止跨国犯罪。

但到目前为止，中国仅与阿尔及利亚、埃及、纳米比亚、南非和突尼斯 5 个非洲国家存在有效的双边刑事司法协助条约，与阿尔及利亚、埃塞俄比亚、安哥拉、纳米比亚、莱索托、南非和突尼斯 7 个非洲国家存在有效的双边引渡条约。但中国与安哥拉、尼日利亚、刚果（金）、刚果（布）、肯尼亚、乌干达等非洲国家还没有签署双边司法协助条约，或虽已签署此类条约但尚未生效。随着中国与这些国家经贸往来的发展，近年来在这些国家发生的针对华人的案件日益增多。如果没有相应的双边刑事司法协助条约或引渡条约，就不利于打击此类跨国犯罪，保护中国公民或企业的人身、财产和生命安全。因此，中国应采取积极的态度与其他非洲国家沟通和磋商，尽快签订更多的中非双边刑事司法协助条约及双边引渡条约，或推动已签署的双边刑事司法协助条约或引渡条约尽快落实生效。

目前，中国《国际刑事司法协助法》《引渡法》等基本法律基本配置齐全。开展国际刑事司法协助合作工作有了基本法律的指引，为相关工作人员的工作提供了确定性要求。但对于条约或立法中没有明确规定的事项，中国和非洲国家应在平等协商的基础上进行。在中国《引渡法》第4条第2款也规定："引渡条约对联系机关有特别规定的，依照条约规定。"笔者建议，在不违反原则的前提下，此条规定所体现的"国际条约优先"原则应适用于所有国际刑事司法合作事项，即"当条约与国内法相冲突时，适用条约的规定，而不适用国内法的规定"[①]。同时，随着时间的推移，对于中非双边刑事司法协助条约或引渡条约出现的新的问题，中国和相关非洲国家也可通过协商进行补充或修订。

  例如，对于中非之间的引渡条约，可以考虑引进简易引渡制度。简易引渡制度是联合国《引渡示范条约》的一项创新规定。它的适用需要满足两个条件：一是被请求引渡国本国法律允许简易引渡；二是被引渡者明确表示同意被引渡。这一制度大大简化了普通引渡中烦琐的司法审查程序，它的设立有助于提高国际刑事诉讼的工作效率，且符合尊重诉讼当事人意愿的原则。中国简易引渡程序的缺失将使中国落后于国际引渡发展的步伐，阻碍中国国际刑事司法协助工作的高效运行。因此笔者建议可首先通过修改中国《引渡法》，对简易引渡程序适用的前提条件以及程序等作出相应的规定。另外，也可考虑在今后的中非双边引渡条约中，对"或引渡或起诉"原则、量刑承诺、被请求国的赔偿责任等问题进行细化和完善，以增加条约的确定性、可操作性，提高司法协助的效率，加大打击跨国犯罪分子的力度，有效保护中非经贸关系当事人的人身和财产权益。

三　中非避免双重征税条约的完善

  前已述及，中非双边税收协定还存在诸多问题，如何完善并改进协定中的内容就成为中非经贸健康发展的关键。中非间

[①] 刘亚军：《引渡新论——以国际法为视角》，吉林大学出版社2004年版，第275页。

经贸的蓬勃发展不仅需要一个安全稳健的营商环境，更需要相应的法律制度保驾护航。如果没有完善的税收法律保障，中国赴非投资企业和当事人就会面临重复征税或由于条款内容不清楚而引发涉税争议。针对中非双边税收协定中存在的问题，可采取以下对策：

第一，完善对合伙企业居民身份和电子商务中常设机构的认定。随着中国和非洲的经贸往来不断加深，越来越多的律师事务所等合伙企业向中非投资者提供跨境服务，但中国与非洲签订的双边税收协定并未就合伙企业居民身份的认定予以明确规定，也未提及合伙企业是否可以享受税收优惠待遇，这就导致了合伙企业在"走出去"时面临着诸多税收方面问题。因此建议在中非税收协定中完善有关居民企业的身份认定，对合伙企业是否享有税收协定优惠税率作出明文规定。有关合伙企业居民身份认定条款的修改，可以参考2013年新修订的《中法双边税收协定》第4条第4款的规定。随着电子商务在非洲的逐步普及，中非间有关电子商务的贸易合作更加频繁。这是中非贸易合作的新趋势，也是未来国际贸易发展的新方向。由于电子商务的虚拟场所、迅捷的网上交易等特点，对传统常设机构认定的标准并不适用于电子商务。为了避免引起对电子商务主张税收管辖权的中非双方间的冲突，应修改中非税收协定中有关常设机构的认定，将电子商务所运用的网络平台、服务提供商与运营商、服务器所在地认定为常设机构。

第二，引入税收争议仲裁解决条款。中非双方在协商签订新的双边税收协定时，应考虑对税收争议解决条款进行修改。一方面应明确相互协商程序的协商时间，建议协定规定的协商时间从3年改为1年，避免长期拖延，提高效率；另一方面可参照其他国际税收协定，引入更具有约束力的仲裁解决机制条款。税收仲裁程序早在20世纪80年代就已被推广使用，例如，1985年德国和瑞典签订的税收协定中就税收争议解决加入了仲裁条款作为相互协商程序解决争议无效的司法补救路径。中非双边税收协定均未就相互协商程序无效规定任何补救措施。为了创建更为透明公正的税收环境，中非在签订双边税收协定时应考虑协商引入仲裁条款。

第三，形成适合的中非双边税收协定范本。目前中非税收协定具有混合特色，结合国际上通用的 OECD 范本和 UN 范本内容，在"人的范围""居民""常设机构""营业利润"等诸多方面的规定大体上一致，但又有所不同。笔者建议首先应对双边税收协定中术语的使用进行统一，规范协定的内容，避免引起不必要的语言歧义。其次，应结合中国和非洲国家的特点制定中非双边税收协定范本。经合组织制定的 OECD 范本和联合国制定的 UN 范本虽然在世界范围内得到广泛采用，但它们没有考虑不同地区的特性，这样就会造成它们在有些地区会"水土不服"。中非双方应总结中非税务纠纷的特点、争议解决以及新型跨国偷漏税行为等常见税收问题，在制定中非双边税收协定范本时，对这些问题予以重点考虑。

第四，推进建立中非税务合作机制。针对企业不了解中非双边税收协定的情况，中非双方应推进建立税务合作机制。中国在这方面已有所行动。2015 年中国开启了外派税务官的项目，将税务官外派到中国驻外大使馆。截至 2018 年年底，中国国家税务总局已向中国驻外使（领）馆、国际组织等派驻 32 名税务人员。同时，全国税务机关对 95 个国家的税收政策进行研究，但他们编写的 59 份"国别投资税收指南"只覆盖了坦桑尼亚、尼日利亚、肯尼亚、赞比亚、埃塞俄比亚、南非、埃及和安哥拉 8 个非洲国家。不过，整体来看，中非双方国家机构和民间机构并未就中非税收问题形成系统有规划的合作，导致很多投资企业"问路无门"。因此，笔者建议建立中非税务交流合作机制，搭建中非国家间的税收交流机制平台。一方面，聚集来自非洲各国和中国国内有关税收领域的专家，有针对性地研究各国最新的税收政策,定期发布税收调查和研究报告,并及时更新税收协定;另一方面,通过这一平台帮助赴非投资企业更好地了解非洲各国税收情况以及目前中非税收协定的内容,提前规避可能的税务问题。

第二节 尽快商签落实双边自贸协定

中国和非洲的双边贸易近年来发展迅速,自 2009 年以来,中国已连续 10 年成为非洲最大的贸易伙伴。在 2018 年中非合作论坛北京峰会开幕式的主旨演讲中,习近平主席明确提出,要推动"一带一路"建设与非洲各国发展战略相互对接,共筑更加紧密的中非命运共同体。为此,他提出中国要在未来 3 年和今后一段时间,同非洲国家密切配合,重点实施"八大行动"。这为中非经贸关系发展带来难得的历史机遇。加强与非洲国家的贸易有助于非洲地区一体化和全球化的发展,另一方面,西方一些国家如英国、美国等都通过经贸协定加强与非洲国家的经贸关系。在这种情况下,中国需要尽快考虑同非洲国家或地区启动双边自贸协定谈判。

中国同非洲国家或地区通过谈判签署自贸协定具有重要的意义。[1] 首先,中国与非洲国家或地区性组织通过谈判签署自贸协定可以推动非洲地区一体化,助力全球化的发展,实现中国和非洲大陆的共同繁荣。促进非洲地区一体化、推动中非贸易的制度化、实现中非共同繁荣是中国政府近年来的一贯主张。例如,2015 年 12 月中国政府发表的第二份《中国对非洲政策文件》明确提出:"支持非洲自贸区建设和一体化进程,积极探讨与非洲国家和区域组织建立制度性贸易安排。"促进非洲一体化也是非洲国家近年来孜孜以求的目标。2018 年 1 月 22 日至 29

---

[1] ZHU Weidong, *Unifying Markets*, Chinafrica, No. 15, April 2018.

日，在埃塞俄比亚首都亚的斯亚贝巴开幕的第 30 届非盟峰会关注的两大主题就是反腐和非洲一体化。此次峰会提出，建立非洲自贸区、促进非洲单一航空市场、推动非洲人员和商品自由流动是实现非洲一体化的三大举措。为此，非盟委员会主席法基在此次峰会上呼吁非盟成员国加快非洲大陆自贸区谈判进程，尽早签署非洲大陆自贸区相关协议文件，以尽快实现非洲区域一体化建设，促进非洲大陆可持续发展。

其次，中国与非洲国家或地区性组织达成自贸协定有利于进一步扩大非洲市场，实现中非贸易合作的转型升级。中国与非洲国家的贸易目前都是在双边贸易协定基础上进行的，中国还没有与任何非洲国家或地区性组织达成更为全面的自贸协定。与非洲国家特别是非洲的一些地区性经济组织达成自贸协定将更加有利于中国产品进入非洲市场，也有利于非洲产品进入中国市场，通过制度性的贸易安排，可以使中非贸易逐步走向平衡，更加稳定、健康地发展。非洲大陆有很多地区性组织，如南部非洲发展共同体、东非共同体、东南非共同市场等，这些地区性组织制定有共同的贸易、投资政策，有更为广阔的市场和资源。如果中国能够与非洲这些地区性组织达成自贸协定，中国商品可以通畅地进入这些区域市场。

最后，中国与非洲国家或地区性组织通过谈判达成自贸协定，有利于进一步增强中国相对于西方国家或地区在非洲的贸易竞争力，长期保持对非贸易的优势地位。西方国家或地区非常重视通过自贸协定此类的经济、贸易安排与非洲国家或地区开展投资、贸易。为了拓展非洲市场，近年来欧盟与南部非洲发展共同体、东非共同体、西非国家经济共同体、西非经济货币联盟等非洲地区性组织展开了系列经济伙伴协定谈判，欧盟与东非共同体和南部非洲发展共同体签署的经济伙伴协定已分别在 2016 年 6 月和 10 月生效适用。美国也与东非共同体、东南非共同市场、西非国家经济共同体、西非经济货币联盟等签署了《贸易、投资框架协定》。2018年8月，美国负责贸易政策和谈判的官员表示，美国将寻求与更多非洲国家签署自贸协定，扩大美非贸易。为了应对脱欧后与非洲国家的经贸关系，英国时任首相特蕾莎·梅从2018年8月28日开始对南非、尼日利亚、肯尼亚三国进行访问，在访问南非时，与南部非洲关税同盟和莫桑比克签署了经济伙伴协定。这些经济伙伴协定或贸易、投资框架协定对市场准入、贸易及相关问题等做了非常详细的安排，有利于双方贸易、投资的发展。中国如果不尽快与非洲国家或地区性组织开展自贸协定谈判，就可能在非洲面临来自西方国家更多的贸易竞争压力。由于缺乏制度性贸易安排，中国商品进入非洲市场也可能会受到更多随意的排挤和打压。

在与非洲国家或地区性组织启动自贸协定谈判时，中国可选择经济条件较好、市场潜力大、区域辐射性强的国家或地区性组织开展此类谈判。例如，在国家选择方面，中国可首先考虑与南非、安哥拉、尼日利亚、埃及、阿尔及利亚、加纳、肯尼亚、刚果（布）、刚果（金）等与中国有较大贸易额的国家展开此类谈判。在与非洲国家谈判签署自贸协定时，双方可在货物贸易特别是有关产品的关税减让、海关手续、贸易便利化、知识产权、争端解决等双方关注的领域作出具体可行的规定，有利于促进中非贸易的发展。

2016年11月，中国与毛里求斯宣布启动自贸协定谈判联合可行性研究，这是中国与非洲国家开展的第一个自贸协定联合可行性研究。2017年12月，两国签署了关于启动自贸协定谈判的谅解备忘录，宣布正式启动中毛自贸协定谈判。2018年7月28日在习近平主席访问毛里求斯后，中毛自贸协定谈判加速。双方经过四轮正式谈判和多轮会间磋商，最终于2018年8月30日在北京就协定全部内容达成一揽子协议，谈判实现了"全面、高水平、互惠"的目标，范围涵盖货物贸易、服务贸易、投资、经济合作等众多领域。2019年10月17日，两国正式签署了

《中华人民共和国政府和毛里求斯共和国政府自由贸易协定》。中国和毛里求斯自贸协定的达成不仅可以通过制度性保障深化两国间的双边经贸关系,而且有利于推动中国与非洲国家形成更加紧密的利益共同体和命运共同体,更好地促进"一带一路"倡议对接非洲经济一体化进程。

对于非洲的地区性组织,中国可首先考虑与南部非洲关税同盟、东南非共同市场、西非国家经济共同体、东非共同体等开展此类谈判。非洲大陆目前也正在推动非洲区域内贸易的发展,推动非洲统一市场的实现。中国也可考虑与刚成立不久的三方自贸区和非洲大陆自贸区开展自贸协定谈判,为中非贸易的发展提供更广阔的发展空间。

三方自贸区是根据26个非洲国家政府首脑在2015年6月签署的自贸协定而成立的。根据该协定,"东非共同体""东南非共同市场"和"南部非洲发展共同体"这三大地区性组织将通过整合而成为三方自贸区。三方自贸区启动后,区内国家之间将全面实现货物贸易零关税,并将通过贸易便利化、吸引外资、统一产品与服务的质量和标准等,使非洲10亿人口受益。三方自贸区将市场融合、工业发展和基础设施建设作为三个重要的发展目标。博茨瓦纳在2018年1月30日成为第22个签署协定同意成立"三方自贸区"的国家。目前,三方自贸区的27个成员国中,只有莱索托、埃塞俄比亚、厄立特里亚、莫桑比克、南苏丹5个国家没有签署三方自贸区协议。在22个签署国中,肯尼亚、乌干达、埃及和南非已批准三方自贸区协定。该协定将在获得14个国家批准后生效。

2018年3月21日在卢旺达首都基加利召开的非盟首脑特别会议上,尼日尔、卢旺达和安哥拉等44个非洲国家签署协议成立非洲大陆自贸区。尼日尔总统、非盟建设非洲大陆自贸区带头人哈马杜·伊素福曾表示,非洲和中国拥有良好关系,可就非洲大陆自贸区开展合作。非洲大陆自贸区已于2019年7月7

日启动。截至目前，在非盟 55 个成员国中，除厄立特里亚外，其他 54 个国家都已签署了该协议，南非、埃及、尼日利亚、津巴布韦等 27 个非洲国家批准了该协议。非洲大陆自贸区启动后，将成为自世界贸易组织成立以来世界上最大的自贸区。该自贸区拥有 12 亿人口，近 3 万亿美元的国内生产总值。根据联合国非洲经济委员会的估计，通过消除关税，非洲大陆自贸区会使非洲地区间贸易在 2022 年增加 52%。非洲大陆自贸区的成立为创建非洲共同市场、推动非洲一体化、实现非洲联合自强奠定了坚实基础，也为中非经贸关系的转型升级提供了难得的历史机遇。

《非洲大陆自贸区协议》第 3 条和第 4 条分别规定了成立非洲大陆自贸区的总体目标和具体目标。根据规定，非洲大陆自贸区希望实现以下总体目标，即为货物和服务创建一个单一市场，深化非洲大陆经济一体化，实现非洲《2063 年议程》所提出的"建立一个更为紧密、繁荣与和平的非洲"这一愿景；通过后续多轮谈判，为货物和服务营造一个自由化市场；促进成员国和各个地区性共同体内资本和自然人的流动，推动投资；为日后非洲大陆关税同盟的建立奠定基础；推动并实现成员国可持续和包容性的社会经济发展、性别平等和结构转型；通过多样化、地区性价值链的完善、农业发展和食品安全推动工业发展；以及解决成员国身份重叠的挑战并加速地区和大陆一体化进程。为实现总体目标，该协议还为成员国制定了具体的目标，即逐步消除货物贸易中的关税和非关税壁垒；逐步实现服务贸易自由化；在投资、知识产权和竞争政策方面加强合作；在所有贸易相关领域开展合作；创建一套争端解决机制；以及创建并维持一套实施并管理非洲大陆自贸区的制度框架。从非洲大陆自贸区的目标来看，它充分考虑了非洲《2063 年议程》相关内容，通过提高贸易便利化水平、促进经济机构转型、推动农业和工业发展，来实现非洲经济的复兴。①

　　结合《非洲大陆自贸区协议》的内容以及该协议所设定的目标来看，非洲大陆自贸区的成立对开展中非经贸关系具有重要的意义。首先，有利于中非双方携手抵制贸易保护主义和单边主义，维护多边贸易体制的发展。其次，有利于"一带一路"倡议和"八大行动"在非洲大陆自贸区的落地生根。"一带一路"倡议和"八大行动"都把设施联通、贸易便利、产业促进、人文交流作为中非合作重要内容，而非洲大陆自贸区通过其协议、《货物贸易议定书》和《服务贸易议定书》也明确提出要优先重点发展落实上述领域，这为双方的经贸合作提供了良好机遇。再次，非洲大陆自贸区的成立有利于中非双方在非洲《2063年议程》和联合国《2030年议程》的框架下更好实现经贸合作。无论是《非洲大陆自贸区协议》还是中国对非经贸政策，都考虑了上述两项文件的内容，这为双方的经贸合作提供了契合点，指明了前进的方向，有利于共同推动非洲《2063年议程》和联合国《2030年议程》目标的实现。最后，非洲大陆自贸区的成立是创建非洲共同市场的关键一步，有利于吸引更多中国企业走进非洲，拓展非洲市场，扩大中非经贸合作。

　　其他与非洲有较多经贸往来的新兴国家也对非洲大陆自贸区较为关注。例如，在2018年3月《非洲大陆自贸区协议》开放签署不久，印度工商部部长就表示准备与非洲大陆自贸区谈判签署自贸协定。因此，从国际、国内形势来看，中国同非洲国家或地区性组织开展自贸协定谈判面临良好的机遇和条件。中国应把握住这一机遇，推进同非洲国家和地区的自贸协定谈

---

① 关于非洲大陆自贸区的设立背景、目标、实施机构及面临的挑战，参见朱伟东《非洲创建共同市场面临挑战》，《中国投资》（非洲版）2019年第12期。

判,助力中非贸易的转型升级,促进中非经贸关系更加稳定、健康地发展,推动构建更加紧密的中非命运共同体。

第三节 拓展中非双边法制合作的领域

2018年中非贸易额达到2042亿美元,同比增长20%,中国已连续10年成为非洲最大的贸易伙伴。2018年9月初中非合作论坛北京峰会的召开为中非经贸合作的转型升级提供了难得的历史机遇。峰会上通过的各项具体可行措施必然会使中非贸易发展掀开新的篇章。中非开展经贸合作有利于维护全球多边贸易体制,共同抵制贸易保护主义,巩固并推动全球化的进一步发展。中非贸易的发展也为非洲人民带来实实在在的好处,提高了他们的生活水平。但毋庸讳言,中非经贸合作过程中也出现了许多问题,如假冒伪劣商品增加、珍贵动植物制品走私活动猖獗、海关清关不畅、知识产权保护不力、税收征收混乱、争议解决困难等。这些问题的存在犹如毒瘤,会损害中非贸易的健康发展。要解决这些问题,就需要在中非之间创造良好的法律环境。[①]

良好的法律环境一般需要具备完备的法律制度、高效公正的司法与执法活动、民众较高的法律意识等。在中非民商事交往中,还存在相关法律制度不健全、双方司法与执法的交流与合作还比较薄弱、民众的法律意识普遍不高等问题,因此,在中非民商事交往中出现了大量的民商事争议、投资纠纷以及违法犯罪活动等,这不利于中非民商事交往的正常开展。本报告主要从静态的角度分析了中非双边法律制度框架存在的不足,并提出具体的完善建议。但是,"徒法不足以自行",即使有良

[①] 郭炯、朱伟东:《中非民商事交往法律环境的现状及完善》,《西亚非洲》2015年第2期。

好的法律制度，如果中非双方的立法、司法、执法部门之间没有有效的沟通、交流和合作，中非民众之间没有较高的法律意识，仍然不能有效预防各类民商事纠纷、违法犯罪行为的发生。因此，中非双方的立法、执法、司法等部门以及双方的学者和民众应携起手来，秉诚合作，为中非经贸关系构筑一张立体、全面的法治保障网。①

中国和非洲国家也非常重视双方立法、司法、执法部门的交流与合作以及双方民间法律部门的沟通和交流。历届中非合作论坛通过的行动计划都会对未来三年双方立法、司法、执法部门和民间机构的法律交流与合作作出相应的安排。例如，2018年9月初在中非合作论坛北京峰会上通过的《北京行动计划（2019—2021年）》对今后三年中非双方立法、司法、执法部门和民间法律交流与合作作出了如下规划：在立法机构交流方面，"加强中国全国人民代表大会与非洲各国议会以及泛非议会、非洲议会联盟等非洲区域性议会组织友好交往，增进立法领域交流互鉴，深化友谊，促进合作"；在双方司法与执法部门交流方面，加强反腐败合作，"促进司法、执法和立法领域交流与合作，完善引渡、司法协助和资产追回合作机制，加快商签《引渡条约》《刑事司法协助条约》及其他相关协议"，"鼓励在中非合作论坛框架内加强中非执法安全合作，推动建立中非执法安全合作论坛，加强中非警务交流合作"等；在双方民间法律交流方面，"继续完善'中非合作论坛——法律论坛'"，"举办'国际投资经贸法律风险及对策研讨会'，继续开展法律人才交流与培训，不断完善中非联合仲裁机制，推动中非联合仲裁中心发展，完善其在非布局"，"鼓励并协助中非高校共建中国—非洲法律研究中心和法律人才培训基地"以及"加强与非

---

① 朱伟东：《构筑中非贸易法治保障网》，《中国投资》2018年第22期。

盟委员会在法律方面的交流与协调"等。①

一 深化立法部门的合作

中非立法机构的交流是中非关系的重要组成部分，可以为中非经贸合作、人文交流提供良好的法制环境。根据中华人民共和国全国人民代表大会外事委员会副主任委员傅莹的介绍，中华人民共和国全国人民代表大会作为中国的立法机构，将积极发挥官方和民间两方面的优势，与非洲立法机构重点开展以下工作：一是为中非合作提供法律保障；二是巩固中非传统友谊；三是加强双方治国理政经验交流，增进彼此了解；四是促进中非务实合作，协助解决中非合作中的现实问题。②围绕上述工作重点，中非双方立法机构开展了一系列交流与合作活动。例如，在最近几年，中非双方的立法部门互访频繁，中华人民共和国全国人民代表大会常务委员会委员长多次访问非洲国家，越来越多的非洲国家议会代表团访问中国。③中非立法部门的交流与合作有利于双方巩固政治互信，促进务实合作，加强治国理政、立法监督等经验交流，营造有利于中非务实合作的良好法律环境。

---

① 相关内容参见中非合作论坛北京峰会通过的《北京行动计划（2019—2021年）》，https：//focacsummit.mfa.gov.cn/chn/hyqk/t1592247.htm，2019年9月20日。

② 傅莹："张德江委员长访问非洲是中国对非重要外交行动"，http：//www.china.com.cn/news/txt/2013 - 09/13/content _ 30020381.htm，2019年8月20日。

③ 近几年中非立法部门互访情况，参见朱伟东《中非法律合作新进展年度报告（2013—2014）》，刘鸿武主编《非洲地区发展报告2013—2014》，中国社会科学出版社2014年版，第586—594页；朱伟东：《中非法律合作新进展年度报告（2014—2015）》，刘鸿武主编《非洲地区发展报告2014—2015》，中国社会科学出版社2015年版，第379—385页。

考虑到中非双边法制合作框架的数量还比较少,有些签订的双边条约尚未生效,特别是在双边投资保护条约、双边刑事司法协助条约与引渡条约,以及双边税收条约方面,中国立法机关在与非洲立法机关交流时,应推动与非洲国家商签更多的双边投资保护条约、双边民商事和刑事司法协助条约、引渡条约以及双边税收条约,或推动已签署的双边条约在非洲国家落实生效。另外,中国立法机关也应推动与非洲国家和地区性组织签署自由贸易协定,为中非经贸投资关系奠定稳固的法律框架。在中非开展经贸合作中,双边法律框架是中非双方最主要的立法形式。中国立法机关也已经认识到开展双边法律合作、建设双边法律合作框架对于中非经贸关系的意义。例如,2016年3月27日,时任中华人民共和国全国人民代表大会常务委员会委员长的张德江在访问肯尼亚与肯尼亚国民议会议长和参议长进行会谈时表示,希望肯方尽快批准投资保护协定、中肯双方商签避免双重征税协定,不断完善有利于务实合作的法律环境;[①] 2019年6—7月间,中国全国人大常委会委员长栗战书在分别会见埃及议长阿里、利比里亚临时参议长阿尔伯特·切和坦桑尼亚国民议会议长恩杜加伊时表示,中国全国人大愿与对方议会一道,为落实中非合作论坛北京峰会成果、推动共建"一带一路",为加强双方各领域的务实合作提供法律支持和法律保障。[②]

从中非相关双边条约签署的时间来看,中国有关部门显然已经认识到双边法律框架在推动中非关系中的作用,在近几年特别加大了与非洲国家签署双边法律框架的力度和进度。例如,中国与安哥拉、刚果(布)、加蓬、肯尼亚的避免双重征税协定,中国与塞内加尔、毛里求斯、肯尼亚、津巴布韦的双边刑

[①] 相关信息来自中国人大网:http://www.npc.gov.cn/,2016-04-18,2019年9月2日。

[②] 相关信息来自中国人大网:http://www.npc.gov.cn/npc/c211/list.shtml,2019年9月2日。

事司法协助条约和引渡条约都是在最近两年时间内签署的。与中非经贸关系发展以及与其他国家的比较来看，中非构建双边法律框架仍有提高的空间。例如，中国仅同毛里求斯达成了自贸协定，还未与其他非洲国家和非洲地区性经贸组织如东南非共同市场、东非共同体等达成此类协议；在投资协定方面，吸收中国投资较多的非洲国家如安哥拉、肯尼亚、莫桑比克、乌干达等还未与中国签署双边投资保护协定或虽已签署但尚未生效；中国与非洲国家签署的打击跨国犯罪的双边条约涵盖范围有限，不足以有效震慑和打击在中非之间发生的跨国犯罪案件。

二 加强执法合作

加强中非执法合作，为中非经贸发展创造一个安全、公平、公正、有序、便捷、顺畅的环境，对于中非经贸的未来可持续发展具有重要的意义。近年来，在中非经贸发展过程中，销售伪劣商品、侵犯知识产权、海关货物提货不畅、跨国犯罪、税收征收混乱等现象时有发生，且有愈演愈烈之势，破坏了中国商品形象，损害了中国商人利益，严重影响了中非贸易的发展，因此，中非海关、公安、质检、工商、税务等部门应加强执法合作，尽力减少直至杜绝上述问题。

在海关监管方面，中国海关近年来在推动中非贸易便利化、抵制假冒伪劣商品、保护知识产权、打击走私犯罪活动、加强对非洲海关人员的培训和交流等方面取得了卓有成效的成就。例如，2013年年底至2014年年初，中华人民共和国海关总署缉私局、中华人民共和国公安部国际合作局与肯尼亚野生动物管理局、肯尼亚警察总局等执法部门进行联合执法行动，在肯尼亚首都内罗毕成功缉捕象牙走私团伙主犯薛某，并将其押解回国。这是中国在组织亚洲、非洲和北美有关国家于2013年年底至2014年年初，进行一项代号为"眼镜蛇二号行动"的全球打击破坏野生动植物资源犯罪联合行动以来，成功开展跨国执法合作的典型案例，也是中方首次境外缉捕野生动植物犯罪嫌疑人。此次中肯跨境缉捕合作受到了濒危野生动植物种国际贸易公约秘书处、世界海关组织等国际执法机构的普遍关注。① 此外，中国海关还组织对非洲海关中高级官员进行培训，已培训43个非洲国家和非洲次区域组织500多名海关人员，这有效加强了非洲海关通关、执法能力建设。

  为打击在非洲发生的针对中国企业和人员的违法犯罪活动，中国公安机关近年来加大了与非洲国家的执法合作力度，例如，中华人民共和国公安部曾派工作组远赴安哥拉摧毁侵害中国人权益的多个犯罪团伙，开启了中非警务合作的新篇章；2013年7月，中华人民共和国公安部与马达加斯加国内安全部和司法部开展合作，共同调查取证，收集固定犯罪证据，最终成功将涉嫌在马杀害多名华人的犯罪嫌疑人刘某某以及涉嫌非法经营犯罪并已逃亡马达加斯加的夏某某、黄某某从马达加斯加押解回国。此举表明了中国政府和中国警方打击跨国犯罪和保护中国海外公民的坚定决心，对侵害在马达加斯加中国公民合法权益的犯罪形成强大震慑。② 中国警方还与肯尼亚警方联手合作，成功打掉一个冒充大陆公检法机关、向大陆群众大肆实施电信诈骗的犯罪团伙。经过双方执法部门的沟通与合作，肯尼亚警方在2016年4月9日和13日分两批将77名来自中国大陆和台湾地区的犯罪嫌疑人遣返回中国，这是中国首次从非洲大规模押回电信诈骗犯罪嫌疑人。③

---

  ① 王希、刘羊旸：《中非合作跨境缉捕象牙走私团伙主犯》，新华网：http://news.xinhuanet.com/world/2014-02/10/c_119261560.htm，2019年8月22日。
  ② 中国政府网：http://gov.cn/jrzg/2013-07/23/content_2453920.htm，2019年8月20日。
  ③ 人民网：http://world.people.com.cn/n1/2016/0810/c1002-28626850.htm，2019年9月16日。

为提高中国输非商品质量，中华人民共和国国家质量监督检验检疫总局近年来加大了对输非商品质量的检查力度，中国中检集团也与肯尼亚、尼日利亚、埃及、博茨瓦纳、坦桑尼亚等国政府签署了装船前检验协议，确保输非商品质量，减少货物到港滞留和被罚风险。2018年10月31日，中华人民共和国国家市场监督管理总局与津巴布韦工商部签署了《消费者权益保护和竞争法谅解备忘录》，以解决消费者投诉和侵权行为，确保两国商人之间的订单符合质量和订单规范。

中非执法机关开展的上述活动，对于打击跨国犯罪、提高输非商品质量，保护知识产权、遏制走私活动、避免双重征税等发挥了良好作用，很大程度上净化了中非经贸环境。从《中非合作论坛——北京行动计划（2019—2022年）》规定的具体措施来看，中非加强执法合作还会长期坚持下去，常抓不懈，合作力度会进一步加强，合作领域也会进一步拓宽。

三　扩大司法交流

中非扩大司法交流，加强法律信息交流，扩大法律情报交换，对于双方司法人员增加对彼此法律制度的了解，有效预防和化解中非经贸摩擦，妥善解决各类经贸纠纷，具有重要意义。随着中非经贸活动频繁开展，中非之间的各类贸易摩擦和民商事纠纷也日益增多。对于中国和非洲国家之间发生的贸易摩擦可以在WTO框架下得到解决。非洲现有44个国家是WTO成员国。中非国家之间的贸易摩擦主要集中在反倾销领域，只有少数几个非洲国家如南非、摩洛哥曾对中国提起过反倾销调查。

中非之间更为常见的贸易纠纷是发生在作为平等主体的公司、法人或自然人之间的一般商事案件。这些涉外商事案件的解决涉及管辖权的确定、域外送达、域外调查取证、外国法的查明、外国判决的承认与执行等复杂的法律问题。例如，在外国法查明方面，由于现在只有贝宁、布隆迪、埃及、加蓬、几内亚、莱索托、利比里亚、马达加斯加、毛里塔尼亚、刚果（布）、乌干达和赞比亚12个非洲国家是《联合国国际货物销售合同公约》成员国，中国当事人与其他非洲国家当事人之间的商事案件在很多情况下可能需要适用非洲国家的法律。考虑到非洲国家的复杂性，要查明非洲国家法律是一件十分棘手的事情。在判决的承认和执行方面也是如此。如前所述，中国目前仅同5个非洲国家签订有民商事司法协助条约，对判决的相互承认与执行做了相关规定，对于还没有与中国签署此类条约的非洲国家，判决的相互承认和执行就会存在很大的不确定性。在实践中已发生多起相关案例。这种情况非常不利于双方当事人的保护，不利于跨境经贸活动的开展。

上述困境的解决需要中非双方扩大司法合作，对相关问题及时作出安排。例如，中非可以谈判签订更多的双边民商事司法协助条约，司法部门可以建立法律信息交流和法律情报交换机制，也可以通过交流与合作，增强对彼此法律制度的了解。例如，在中华人民共和国最高人民法院的支持下，国家法官学院已连续举办了两届非洲国家法官研修班。中国司法部门也可与非洲国家司法部门在争议解决某些领域达成共识，助力中非经贸纠纷解决。中华人民共和国最高人民法院曾与其他地区的司法机构在某些领域达成了重要共识。例如，2016年5月，在苏州召开的中国—中东欧国家最高法院院长会议上，与会的各国最高法院院长通过了《苏州共识》，考虑运用仲裁、调解及其他替代性争议解决方式解决相关争议；2017年6月，在最高人民法院主办的第二届"中国—东盟大法官论坛"上，与会大法官通过交流，发布了《南宁声明》，呼吁在判决承认和执行方面采用推定互惠原则。这将有力推动中国和东盟国家判决的相互承认和执行。

四 提高民众的法律意识①

良好的法律环境,不仅需要有完备的法律制度、高效公正的司法与执法活动,还需要行为者具有高度的法律意识。法律意识是人们关于法律和法律现象的观点、知识和心理态度的总称,主要表现为人们对法及法律制度的了解、掌握和运用程度,以及对行为是否合法的评价等。如果交往中的人们都具有较高的法律意识,违法犯罪现象就会大幅减少。而在中非交往中存在的现实是,人们的法律意识普遍较低。例如,根据调查,在非中资企业和在非中国公民均认为不熟悉当地法律、法规是在非洲面临的一个重要风险,位居他们各自在非面临的各类风险中的第二位。② 由于不了解非洲国家的法律,所以报纸、网络上经常有中资企业和中国公民在非洲发生违法行为的报道,如非法解雇当地劳工、非法在街头零售商品、非法携带象牙出境等,以致许多非洲人都认为中国人法律意识淡薄。另一方面,由于一些在华非洲人不了解中国相关法律,在中国境内也发生很多非法入境、非法居留、非法就业的现象。这种情况对中非民商事交往带来很大的负面影响。

造成中非交往中民众的法律意识普遍较低的原因有很多,例如,语言的差异、中非法律文化与传统的不同、中国人对非洲国家法律存在的误解和偏见等。但最重要的是,中非之间对对方的法律宣传不够,彼此的法学研究机构和学者对对方的法律缺乏足够深入的研究,双方立法、司法、执法机构的信息交流还比较薄弱等。因此,中非双方法律界人士应积极展开交流和沟通,宣传中非法律知识,传播法治观念,增强公民和企业

---

① 这一部分的内容,参见郭炯、朱伟东《中非民商事交往法律环境的现状和完善》,《西亚非洲》2015 年第 2 期。
② 夏莉萍:《中国涉非领事保护分析》,《西亚非洲》2013 年第 1 期。

的自觉守法意识。中非之间的许多民商事争议都是由于不了解对方法律制度造成的。如果中非法律界人士能够开展广泛的法律交流与合作，就可以通过建立信息平台、资料库、论坛、培训、合作研究等方式使更多的人和企业了解中非彼此的法律制度，从而增强遵守当地法律制度的意识，减少中非之间各类纠纷和摩擦的发生。

具体而言，中非双方在以后开展法律交流与合作时，应重视以下几个方面：

第一，畅通立法、执法信息交流渠道。由于中非经贸关系所遇到的法律问题日益复杂，这就需要双方加强立法和执法信息的交流，互通有无，就共同关切的问题制定相应的法律框架，或交换彼此所掌握的情报。例如，中非双方的立法部门可就关系双边投资、贸易的事项进行沟通，经过充分协商、酝酿后联合制定促进贸易、便利投资的法律措施。双方的执法部门可就涉及对方公民或企业的案件展开联合调查，通过定期的对话机制，交换彼此收集的有关信息，以便有效打击跨国犯罪、非法移民等问题。

第二，建立中非法律资料库或中非法律信息网。中国企业和商人在非洲投资面临的一个最大问题就是不了解投资对象国的法律制度。一些非洲国家由于历史的原因，法律制度不是很健全，或者对相关法律没有进行及时的修改、废除、整理，或者法律信息资料很不完备，这就造成有时很难了解一些非洲国家的具体法律内容。中非双方可考虑建立中非法律资料库或中非法律信息网，收集相关法律资料，为中非贸易、投资发展提供智力支持。[①] 例如，中国可要求与中国签订双边投资保护条约或民商事司法协助条约的非洲国家提供该国有关投资或民商事

---

① 朱伟东：《非洲涉外民商事纠纷的多元化解决机制研究》，湘潭大学出版社2013年版，第293页。

法律方面的详细资料。

第三，加强"中非合作论坛——法律论坛"建设。自《沙姆沙伊赫行动计划（2010—2012）》提出中非决定适时举办"中非合作论坛——法律论坛"以来，中非双方法律界人士已分别在2009年12月、2010年9月、2012年12月、2013年11月、2014年11月、2015年12月在埃及开罗、中国北京、毛里求斯路易港、津巴布韦维多利亚瀑布城、安哥拉首都罗安达和南非约翰内斯堡连续举办了六届法律论坛。在这六届法律论坛上，来自中非双方的法律实务界人士及学术界人士就中非所涉及的法律问题畅所欲言，出谋划策，提出了许多有针对性的观点和建议，对中非政府的决策起了很好的参考和借鉴作用。2018年9月中非合作论坛北京峰会上通过的《北京行动计划（2019—2021年）》特别提及，继续完善"中非合作论坛——法律论坛"机制建设，不断提升论坛影响力和实效性。根据以往论坛的情况，以后召开法律合作论坛时，应多邀请来自双方法律学术界的专家和学者，并在该论坛框架下不定期举办一些专业的小型民间法学论坛，以探讨中非双边关系中出现的一些热点法律问题，帮助民众更好地了解他们在所在国家所遇到的法律问题。

第四，开展中非民商事交往相关法律问题的合作研究。随着中非经贸关系的发展，中非学术交流合作近年来也呈现出蓬勃的发展态势。中非双方学者都希望进一步推动双方学术交流合作，扩大中非思想界的共识，为中非关系的发展提供智力支持。在政府推动下，中非学术交流合作走向了机制化发展道路。例如，为落实2010年中非合作论坛第四届部长级会议通过的《沙姆沙伊赫行动计划》，中华人民共和国外交部在2010年3月启动了"中非联合研究交流计划"，中华人民共和国教育部在2010年6月启动了"中非高校20＋20合作计划"。为推动"中非联合研究交流计划"迈上新台阶，"中非智库10＋10合作伙伴计划"也于2013年10月份启动。该计划将支持中非智库建立"一对一"长期合作关系，促进中非智库交流的机制化、常态化。为加强中非之间的人文交流活动，习近平主席在2018年中非合作论坛北京峰会上宣布，中国决定设立中国非洲研究院，同非方深化文明互鉴；打造中非联合研究交流计划增强版。在这些合作项目中，有关法律交流的内容还比较少，考虑到法律在中非关系可持续发展中的重要作用，应鼓励、推动中非法学者进行合作研究，特别是加强有关非法移民治理、打击跨国犯罪、商业贿赂、中非民商事争议解决[①]等方面的合作研究，并将研究成果公之于众，使普通民众能够通过了解相关法律知识，提高自己的法律意识，从而避免或预防违法犯罪现象的发生。

第四节 重视多边领域的法制合作

为了构建全面、综合、立体的法治保障网，中非之间除了要加强双边法制合作外，也要重视多边领域的法制合作。具体而言，中非可通过参加民商事、投资、税收和刑事方面的多边公约，加强在上述领域的法律合作，以应对中非双边条约的不足带来的困境。

例如，在民商事领域，中国可与非洲国家加强同海牙国际私法会议和联合国相关机构的合作。为促进各国在跨境民商事事项方面的合作，海牙国际私法会议、联合国外交会议、联合国国际贸易法委员会等先后制定了一系列的多边公约，以帮助

[①] 有关中非民商事争议解决方面的内容，参见朱伟东《非洲涉外民商事纠纷的多元化解决机制研究》，湘潭大学出版社2013年版，第385—395页；Weidong ZHU, "A Brief Analysis of the Disputes Arising from China-Africa Civil and Commercial Transactions", *Journal of Cambridge Studies*, Vol. 7, No. 3, 2012; Weidong ZHU, "Arbitration as the Best Option for the Settlement of China-African Trade and Investment Disputes", *Journal of African Law*, Vol. 57, No. 1, 2013.

各国在文书送达、调查取证、判决和仲裁裁决以及调解协议的承认与执行方面加强合作。例如，海牙国际私法会议先后制定了《海牙送达公约》《海牙取证公约》《法院选择协议公约》和《承认与执行外国民商事判决公约》，联合国外交会议在1958年制定了《纽约公约》，最近联合国国际贸易法委员会还制定了《新加坡调解公约》。上述公约中，《海牙送达公约》《海牙取证公约》《法院选择协议公约》和《纽约公约》都已生效，它们为跨国诉讼的文书域外送达、域外调查取证、判决和仲裁裁决的承认与执行提供了非常便利的多边公约途径。中国已批准《海牙送达公约》《海牙取证公约》和《纽约公约》，中国已签署《法院选择协议公约》《承认与执行民商事判决公约》和《新加坡调解公约》。到目前为止，中国已经可以与70多个国家依据《海牙送达公约》相互委托送达民商事案件司法文书，与60多个国家依据《海牙取证公约》相互委托进行民商事案件调查取证合作，[①] 也可与《纽约公约》的其他160个成员国相互根据该公约的规定申请承认和执行仲裁裁决。但在非洲，只有摩洛哥、南非和塞舌尔加入了《海牙取证公约》，只有摩洛哥、突尼斯、埃及、博茨瓦纳、马拉维和塞舌尔加入了《海牙送达公约》，在《纽约公约》的161个成员国中，只有37个非洲成员国。此外，没有一个非洲国家签署《法院选择协议公约》《承认与执行民商事判决公约》，只有贝宁、刚果（布）、刚果（金）、斯威士兰、毛里求斯、尼日利亚、塞拉利昂和乌干达8个非洲国家签署了《新加坡调解公约》。可见，非洲国家在海牙国际私法会议、联合国相关机构内的参与度还非常低。中国应推动和鼓励非洲国家在多边领域加强法制合作。

---

① 为更好贯彻实施上述两个公约，中华人民共和国最高人民法院审判委员会在2013年1月21日召开的第1568次会议通过了《最高人民法院关于依据国际公约和双边司法协助条约办理民商事案件司法文书送达和调查取证司法协助请求的规定》，该规定自2013年5月2日起施行。

在投资领域，中非双方可加强在1965年《解决国家与他国国民间投资争议公约》（以下简称《华盛顿公约》）这一多边投资公约框架下的合作。在世界银行组织起草《华盛顿公约》时，大部分非洲国家已经独立。作为发展中国家，它们积极参与到公约的起草过程，并在《华盛顿公约》草案正式通过后，积极签署和批准该公约。例如，突尼斯在1965年5月5日就签署了该公约，成为该公约的第一个签署国；而尼日利亚在1965年8月23日就批准了该公约，成为该公约的第一个批准国。随后一大批非洲国家在很短的时间内批准了该公约。截至2019年10月1日，在《华盛顿公约》的154个缔约国中，非洲国家有46个。[1] 虽然大多数非洲国家为吸引外资而加入了《华盛顿公约》，但对于一些非洲国家来说，这并没有给他们带来发展所急需的外资，反而让他们官司缠身，这也许是他们当初加入公约时所始料未及的。例如，截至2017年5月31日，根据《华盛顿公约》成立的解决投资争议国家中心（ICSID）共受理投资争议案件有613起，其中涉及非洲国家的有135起，占22%。[2] 考虑到中非投资争议在该中心解决的可能性，中国与非洲国家应加强在这方面的合作。此外，针对解决投资争议国际中心所存在的问题以及目前进行的改革，中国作为世界上最大的发展中国家，非洲作为发展中国家最集中的大陆，它们可以联合就该中心的改革提出反映发展中国家需求和利益的建议。

在反腐和打击跨国犯罪方面，针对中非投资过程中出现的

---

[1] 有3个非洲国家已签署但尚未批准该公约，分别是几内亚比绍、纳米比亚和埃塞俄比亚。目前非洲仅有6个国家既没签署也没有批准该公约，它们是安哥拉、南非、利比亚、厄立特里亚、吉布提和赤道几内亚。

[2] 关于外国投资者与非洲国家政府之间的投资争议情况，可参见朱伟东《外国投资者与非洲国家之间的投资争议分析——基于解决投资争端国际中心相关案例的考察》，《西亚非洲》2016年第3期。

很多有关贪污腐败的报道以及跨国犯罪不断增加的事实,中非双方的执法部门还可在《联合国反腐败公约》和《联合国打击跨国有组织犯罪公约》框架内开展合作,打击各种商业贿赂行为和其他跨国犯罪,为中非之间投资的健康发展清除障碍。《联合国反腐败公约》是联合国历史上通过的第一个用于指导国际反腐败斗争的法律文件,对预防腐败、界定腐败犯罪、反腐败国际合作、非法资产追缴等问题进行了法律上的规范,对各国加强国内的反腐行动、提高反腐成效、促进反腐国际合作具有重要意义。该公约于 2005 年 12 月 14 日正式生效。中国在 2005 年 10 月 27 日加入该公约,非洲也已有 47 个国家参加了该公约。① 这表明了中非双方打击腐败犯罪以及开展广泛刑事司法合作的决心和信心。2003 年 9 月 29 日生效的《联合国打击跨国有组织犯罪公约》对于成员国在打击跨国有组织犯罪方面的合作做了非常详细和具体的规定,对帮助成员国有效打击跨国有组织犯罪发挥着重要作用。该公约目前共有 51 个非洲成员国,中国在 2003 年 9 月 23 日批准了该公约。② 因此,中国可利用该公约与大多数非洲国家开展打击跨国有组织犯罪方面的合作。

中非双方也都意识到在多边领域开展反腐败合作和打击跨国犯罪的重要性。例如,2018 年中非合作论坛北京峰会通过的《北京行动机构(2019—2021 年)》提出,"充分利用《联合国反腐败公约》等现有国际法律文件开展追逃追赃个案合作,并在本国法律允许的情况下,以更加灵活的手段进行合作","中方愿建立与非洲国际刑警组织对话与合作关系,并加强有关反恐和打击跨国犯罪情报分享和行动协调,共同开展相关培训援

---

① 根据该公约网站统计:http://treaties.un.org/Pages/ViewDetails.aspx?mtdsg_no=XVIII-14&chapter=18&lang=en,2019 年 8 月 25 日。

② 参见该公约网站:https://treaties.un.org/pages/ViewDetails.aspx?src=TREATY&mtdsg_no=XVIII-12&chapter=18&clang=_en,2019 年 8 月 28 日。

助工作","共同打击跨国犯罪,在国际刑警组织框架内推动开展为期三年的打击走私贩运野生动物及制品联合行动"。①

最后,中国也应加强与非洲国家在亚非法律协商组织这样的地区性多边组织内的法制合作。亚非法律协商组织(简称亚非法协)是亚非地区目前唯一的政府间法律协商组织,也是具有历史意义的万隆会议的实质性成果之一。该组织的宗旨是在国际法领域为各成员国政府提供咨询,为亚非国家在共同关心的法律问题上进行合作提供论坛,是亚非两大洲法律人士就法律问题进行对话、交流经验的平台。亚非法协现有成员国47个,其中非洲成员国有16个,分别是埃及、冈比亚、加纳、肯尼亚、利比亚、毛里求斯、尼日利亚、塞拉利昂、塞纳加尔、苏丹、索马里、坦桑尼亚、乌干达、南非、喀麦隆和博茨瓦纳,中国在1983年加入该组织。因此,该组织也是中国与非洲国家法律人士进行法律交流、交换法律问题看法的重要平台。该组织每年轮流在成员国举办年会。② 2015年4月13日亚非法协第54届年会在北京召开,中华人民共和国国务院总理李克强出席开幕式并发表主旨讲话。李克强总理在主旨讲话中提出如下四点主张:一是推动国际政治秩序更加公正合理;二是促进世界经济更加开放有序;三是努力维护国际和地区和平稳定;四是共同应对全球非传统领域安全挑战。李克强总理在开幕式上还宣布,中国将出资设立"中国—亚非法协国际法交流与研究项目",助力亚非法协发展,促进国际法治合作。③

中国可通过加强与该组织的合作,就中国和非洲国家关注的法律问题进行谈判协商,制定相应的公约或示范法,减少沿

---

① 《北京行动机构(2019—2021年)》第6.2部分。
② 参见亚非法协官方网站:www.aalco.int,2016年4月16日。
③ 李克强总理在亚非法协第54届年会主旨讲话全文,新华网:http://news.xinhuanet.com/politics/2015 - 04/13/c_1114955463.htm,2019年8月18日。

线国家间的法律冲突，加强沿线国家间民商事、刑事司法协助，打击各类跨国犯罪，避免双重征税。实际上，该组织已经制定了一些有关域外送达、调查取证、投资保护与促进、消除双重或多重国籍等方面的示范性法律文件，供成员国在制定相关立法时考虑采纳，以减少成员国间的法律冲突。具体而言，中国可以利用亚非法协每次年会提出相关议题，例如，针对中非间民商事争议的解决，中国可以提议制定民商事司法协助公约，以解决成员国在解决涉外民商事案件时的文书域外送达、调查取证、外国法查明等问题；针对跨国犯罪问题，中国可以提议制定刑事司法协助公约，就引渡、被判刑人员移交等问题作出详细安排；针对跨国投资及投资争议解决，中国可提议制定投资促进与保护公约，对投资的相关实体事项和投资争议解决作出具体规定。随着更多亚洲和非洲国家的加入，以及更多法律文件的通过和采纳，亚非法协一定可以在解决中非间的法律争议方面发挥重要作用，因此，中国应重视与亚非法协的合作，积极主动参与相关国际规则的制定，为"一带一路"倡议在非洲的顺利实施构筑坚实的法律"防火墙"。

参考文献

一 著作类

蔡高强、朱伟东编:《东南部非洲地区性经贸组织法律制度专题研究》,湘潭大学出版社2016年版。

蔡高强、朱伟东编:《南非经贸投资法律制度专题研究》,湘潭大学出版社2017年版。

蔡高强、朱伟东编:《西部非洲地区性经贸组织法律制度专题研究》,湘潭大学出版社2016年版。

陈灿平编著:《国际刑事司法协助专题整理》,中国人民公安大学出版社2007年版。

陈光中编:《联合国打击跨国有组织犯罪公约和反腐败公约程序问题研究》,中国政法大学出版社2007年版。

邓力平:《国际税收学》,清华大学出版社2005年版。

何勤华、洪永红主编:《非洲法律发达史》,法律出版社2005年版。

洪永红:《当代非洲法律》,浙江人民出版社2014年版。

洪永红、夏新华等:《非洲法导论》,湖南人民出版社2000年版。

黄风、赵林娜:《境外追逃追赃与国际司法合作》,中国政法大学出版社2008年版。

贾宇:《国际刑法学》,中国政法大学出版社2004年版。

廖益新:《国际税法学》,北京大学出版社2001年版。

刘亚军：《引渡新论——以国际法为视角》，吉林大学出版社 2004 年版。

马德才：《国际法中的引渡原则研究》，中国政治大学出版社 2014 年版。

王琼：《西亚非洲法制》，法律出版社 2013 年版。

夏新华：《非洲法律文化专论》，中国社会科学出版社 2008 年版。

肖永平：《国际私法原理》，法律出版社 2005 年版。

肖永平、朱磊主编：《批准〈选择法院协议公约〉之考量》，法律出版社 2017 年版。

徐宏：《国际民事司法协助》，武汉大学出版社 1996 年版。

张磊：《国际刑事司法协助热点问题研究》，中国人民公安大学出版社 2012 年版。

朱伟东：《非洲商法协调组织》，社会科学文献出版社 2018 年版。

朱伟东：《非洲涉外民商事纠纷的多元化解决机制研究》，湘潭大学出版社 2013 年版。

［加纳］理查德·弗林蓬·奥蓬：《非洲经济一体化的法律问题》，朱伟东译，社会科学文献出版社 2018 年版。

［美］克莱尔·莫尔·迪克森编：《非洲统一商法：普通法视野中的 OHADA》，朱伟东译，中国政法大学出版社 2014 年版。

［美］翁·基达尼：《中非争议解决：仲裁的法律、经济和文化分析》，朱伟东译，中国社会科学出版社 2017 年版。

［日］森下忠：《国际刑法入门》，阮齐林译，中国人民公安大学出版社 2004 年版。

［索］阿卜杜勒卡维·A. 优素福：《泛非主义与国际法》，万猛等译，法律出版社 2019 年版。

［意］沙尔瓦托·曼库索、洪永红主编：《中国对非投资法律环境研究》，湘潭大学出版社 2009 年版。

二 论文类

Amazu A. Souzu：《非洲国家与仲裁裁决的执行：几个重要问题》，朱伟东译，《仲裁与法律》2006年第102辑。

Moses N. Kiggundu：《法律制度在中非商事关系中的作用及完善》，朱伟东译，《民商法论丛》2013年第54卷。

白一：《在穗非洲人非法居留问题管理研究》，硕士学位论文，华南理工大学，2018年。

陈君：《中国与非洲六国双边引渡条约比较研究》，硕士学位论文，湘潭大学，2009年。

崔荣春：《关于提高境外投资税收安全度的若干思考》，《国际税收》2018年第4期。

崔晓静：《跨境电商交易中代理型常设机构的认定》，《法学》2018年第11期。

冯俊伟：《刑事司法协助所获证据的可采性审查：原则与方法》，《中国刑事法杂志》2017年第6期。

郭炯、朱伟东：《中非民商事交往法律环境的不足及完善》，《西亚非洲》2015年第2期。

郝鲁怡：《引渡中的人权问题探究》，《国际法研究》2015年第6期。

黄风：《国际引渡合作规则的新发展》，《比较法研究》2006年第3期。

黄风：《协助外国追缴违法所得的条件与程序》，《法学杂志》2019年第6期。

黄靖珊：《"一带一路"视角下中外税收协定研究》，硕士学位论文，武汉大学，2017年。

黄素梅：《析合伙企业在税收协定中"居民"身份的适用》，《国际税务》2006年第11期。

克里斯托弗·福赛斯：《南部非洲国际私法的历史与发展》，朱伟东译,《民商法论丛》2008年第39卷。

李娜:《在"一带一路"框架下改革我国的国际税收制度》,《国际法研究》2018年第4期。

李勇彬、汪昊:《我国与"一带一路"沿线国家避免双重征税协定对比》,《税务研究》2017年第2期。

廖兴存:《中国区际刑事司法协助适用"本地居民不移交原则"新探》,《广西社会科学》2017年第11期。

廖益新:《多边法律工具与双边税收协定》,《国际税收》2017年第6期。

刘冠宇、李雪儿:《区际刑事司法协助法学理论研究》,《中国公共安全(学术版)》2018年第1期。

刘一然:《"一带一路"背景下中外税收协调法律问题研究》,硕士学位论文,武汉大学,2018年。

马德才:《〈联合国反腐败公约〉与我国〈引渡法〉的完善》,《江西社会科学》2015年第5期。

裴兆斌:《中非追缴腐败犯罪违法所得的国际司法协助》,《辽宁大学学报》2011年第5期。

田雷:《中非司法协助初探》,硕士学位论文,湘潭大学,2008年。

王文华:《境外追逃追赃与国际刑事司法合作的法治化》,《深圳大学学报》(人文社会科学版)2016年第11期。

王亚男:《"限制—保护"模式下对政治犯不引渡原则的逆向矫正》,《江西社会科学》2017年第5期。

徐妍:《"一带一路"税收争端解决机制法律问题研究》,《社会科学战线》2018年第8期。

张磊:《境外追逃追赃良性循环理念的界定与论证》,《当代法学》2018年第2期。

张立娟:《从反腐败领域看国际刑事司法协助发展趋势——以〈联合国反腐败公约〉为视角》,《法学杂志》2010年第6期。

赵晨光：《论我国腐败犯罪境外追赃机制存在的问题及其完善》，《法学杂志》2019年第3期。

朱伟东：《东南非共同市场法院"宝丽都诉毛里求斯共和国案"评析》，《非洲法评论》，2016年卷。

朱伟东：《对非投资应依法进行》，《中国投资》（非洲版）2017年第2期。

朱伟东：《对非投资中的外交保护》，《中国投资》（非洲版）2017年第6期。

朱伟东：《非洲PPP项目的法律政策环境》，《中国投资》（非洲版）2017年第4期。

朱伟东：《非洲创建共同市场面临挑战》，《中国投资》（非洲版）2019年第12期。

朱伟东：《非洲地区一体化进程中的法律一体化》，《西亚非洲》2013年第1期。

朱伟东：《非洲法律合作新进展年度报告（2013—2014）》，刘鸿武主编《非洲地区发展报告（2013—2014）》，中国社会科学出版社2014年版。

朱伟东：《非洲投资法律环境的变迁及应对》，张宏明主编《非洲发展报告（2017—2018）》，社会科学文献出版社2018年版。

朱伟东：《非洲仲裁法律环境的现代化》，《国际工程与劳务》2018年第8期。

朱伟东：《构筑中非贸易法治保障网》，《中国投资》（非洲版）2018年第22期。

朱伟东：《津巴布韦"土地征收案"评析》，《西亚非洲》2011年第3期。

朱伟东：《面对非洲国家的本土化政策投资者要理性应对》，《中国投资》（非洲版）2016年第18期。

朱伟东：《南非投资促进与保护法述评》，《西亚非洲》2014年第 2 期。

朱伟东:《外国投资者与非洲国家之间的投资争议分析——基于解决投资争端国际中心相关案例的考察》,《西亚非洲》2016年第 3 期。

朱伟东:《应对非洲本土成分立法》,《中国投资》(非洲版) 2018 年第 10 期。

朱伟东:《中非产能合作需要注意哪些法律问题》,《人民论坛》2018 年 5 月下期。

朱伟东:《中非命运共同体:理解中国对非政策的关键》,《中国社会科学报》2018 年 8 月 16 日。

朱伟东:《中非双边法制建设亟待加强》,《中国投资》(非洲版)第 14 期,7 月刊(下)。

朱伟东:《中非司法交流与合作(2015—2016)》,刘鸿武主编《非洲地区发展报告(2014—2015)》,中国社会科学出版社 2015 年版。

朱伟东:《中非要重视仲裁争议解决机制》,《中国投资》(非洲版)2017 年第 16 期。

朱伟东:《中国与非洲民商事法律纠纷及其解决》,《西亚非洲》2012 年第 3 期。

[加纳] 理查德·弗林蓬·奥蓬:《非洲国际私法的历史、现状和未来》,朱伟东译,《民商法论丛》2009 年第 43 卷。

[加纳] 理查德·弗林蓬·奥蓬:《国际私法与非洲经济共同体:呼吁更大的关注》,朱伟东译,《民商法论丛》2012 年第 51 卷。

[加纳] 理查德·弗林蓬·奥蓬:《海牙国际私法会议与非洲国际私法的发展:呼吁合作》,朱伟东、谢慕冰译,《民商法论丛》2012 年第 50 卷。

Julia Braun, Martin Zagler, "An Economic Perspective on Double Tax Treaties with (in) Developing Countries", *World Tax Journal*, vol. 12, 2014. https://www.ibfd.org/sites/ibfd.org/files/content/pdf/wtj_ 2014_ 03_ int_ 4 – free-article.pdf.

Uche Ewelukwa Ofdile, "Africa-China Bilateral Investment Treaties: A Critique", *Michigan Journal of International Law*, vol. 35, 2013.

Won Kidane, "China-Africa Bilateral Investment Treaties in Comparative Context", *Cornell International Law Journal*, vol. 49, 2016.

Won Kidane, "Contemporary Trends in International Investment Law and Africa's Dilemmas in the Pan-African Investment Code", *George Washington International Law Review*, vol. 51, 2018.

Won Kidane, "The China-Africa Factor in the ICISD Legitimacy Debate", *University Of Pennsylvania International Law Journal*, vol. 35, 2014.

Won Kidane, Weidong ZHU, "China-African Investment Treaties: Old Rules, New Challenges", *Fordham International Law Journal*, vol. 37, 2014.

Zhu Weidong, "A Brief Analysis of the Disputes Arising from China-African Civil and Commercial Transactions", *Journal of Cambridge Studies*, vol. 7, No. 3, 2012.

Zhu Weidong, "Arbitration as the Best Option for the Settlement of China-African Trade and Investment Disputes", *Journal of African Law*, vol. 57, No. 1, 2013.

Zhu Weidong, "China-Africa Dispute Settlement: Logic Reading for Choosing Arbitration", *Cambridge Journal of China Studies*, vol. 12, 2017.

Zhu Weidong, "China-African Trade & Investment and the Exchange of Law", in *Harmonization of Business Law in Africa and Its Advantage for Chinese Investment in Africa*, Tipografia Macau Hung

Heng Limitada, 2008.

Zhu Weidong, "Creating a Favorable Legal Environment for the Sustainable Development of China-African Business Relations", *Tydskrif Vir Die Suid-Afrikaanse Reg*, No. 2, 2014.

Zhu Weidong, "Establishment of a Belt and Road Dispute Settlement Mechanism", *China and WTO Review*, vol. 5, No. 1, 2019.

Zhu Weidong, "OHADA: As a Base for Chinese Further Investment in Africa", *Recueil Penant*, vol. 129, No. 89, 2009.

Zhu Weidong, "Some Considerations on the Civil, Commercial and Investment Dispute Settlement Mechanisms between China and the Other B & R Countries", *TDM Special Issue on "one belt one road"*, 2017, September.

Zhu Weidong, "The Recognition and Enforcement of Commercial Judgments between China and South Africa: Comparison and Convergence", *China Legal Science*, vol. 7, No. 3, 2019.

三　网站类

海牙国际私法会议网站：https://www.hcch.net/en/home。

解决投资争端国际中心网站：https://icsid.worldbank.org/en/。

《联合国打击跨国有组织犯罪公约》：https://www.un.org/zh/documents/treaty/files/A-RES-55-25.shtml。

《联合国反腐败公约》：https://www.un.org/zh/issues/anti-corruption/uncac.shtml。

联合国贸发会网站：https://investmentpolicy.unctad.org/。

《联合国引渡示范条约》：https://www.un.org/zh/documents/treaty/files/A-RES-45-116.shtml。

南部非洲法律信息网：http://www.saflii.org/。

坦桑尼亚法律信息网：https://tanzlii.org/。

乌干达法律信息网：https://www.ulii.org/。

无讼网：https：//www.itslaw.com/bj。

赞比亚法律信息网：http：//zambialii.org/。

中国裁判文书网：http：//oldwenshu.court.gov.cn/。

中华人民共和国国家税务总局网站：http：//www.chinatax.gov.cn/。

中华人民共和国商务部条法司网站：http：//tfs.mofcom.gov.cn/。

中华人民共和国条约数据库网站：http：//treaty.mfa.gov.cn/Treaty/web/index.jsp。

朱伟东，河南省汝南县人，法学博士，中国非洲研究院、中国社会科学院西亚非洲研究所研究员、博士生导师，中国社会科学院首届领军人才。自2008年起，他先后在剑桥大学法学院进行博士后研究，在首尔国立大学法学院任访问研究员；曾被评为湖南省青年骨干教师、湖南省121人才工程第三层次人选、国务院政府特殊津贴专家。朱伟东在国内外出版社出版非洲法方面的专著、译著8部，在《西亚非洲》、Journal of African Law，Penant，Journal of South African Law，Journal of Private International Law，Yearbook of Private International Law，Journal of International Arbitration等国内外报刊发表各类文章200多篇。他还主持非洲法方面的国家社科课题3项，外交部中非联合计划课题2项；他还是中国国际私法学会常务理事，中国民族法学研究会理事，中国非洲史学会理事，中国亚非学会理事，英国Cambridge Journal of China Studies杂志编委，南非Journal of Law, Society and Development杂志国际顾问委员会委员，南部非洲仲裁基金（南非）、上海国际仲裁中心等国内外多家仲裁机构仲裁员，兼职律师。

王琼，女，河南商丘人。中国人民大学法学院法学博士，中国社会科学院法学研究所法学博士后。现为中国非洲研究院、中国社会科学院西亚非洲研究所副研究员，从事中东非洲政治、中东非洲法律、中东非洲热点问题与国际法研究。在《中国司法》《人民司法》《法学杂志》《人民论坛》《西亚非洲》《阿拉伯世界研究》《学术探索》《当代世界》等学术期刊上发表论文60多篇。她已出版个人专著、合著多部。主要著作有：《西亚非洲法制》（法律出版社2013年版）、《罚金刑实证研究》（法律出版社2009年第一版）、《法官自由裁量权之法理分析》（2012年第一版，合著）。此外，她还任北京交通大学重组与兼并研究中心研究员，中国—中东法律研究中心研究员等，并从事兼职律师工作。

王婷，女，海南省海口市人，2014年和2017年先后在北京工商大学获得文学学士学位和法学硕士学位，目前在中国社会科学院研究生院攻读法学博士学位。王婷的主要研究方向是非洲法、非洲国际关系，已在《现代管理科学》《国际商报》和 Cambridge Journal of Chinese Study 等国内外报刊发表中英文论文、译文、时评短文数篇，另有论文和译文拟被《西亚非洲》《非洲法评论》和《国际法与比较法论丛》采用，参与中国非洲研究院中非联合项目课题（"中非经贸关系可持续发展的法律保障研究"）和国家社科基金研究专项课题（"非洲本土化立法研究"）两项。

本报告由朱伟东、王琼、王婷三人合作完成。其中王琼负责撰写了非洲国家公民在中国遇到的法律问题以及中非刑事司法协助条约的内容，王婷负责撰写中非双边税收条约的内容，朱伟东负责撰写了其他部分的内容。朱伟东还负责拟定了本报告的结构，统合整理了报告内容，并完成报告最终定稿。